The art of spiritual healing

スピリチュアル・ヒーリングの本質

言葉と思考を超えた意識へ

ジョエル・ゴールドスミス 著

高木悠鼓 訳

ナチュラルスピリット

THE ART OF SPIRITUAL HEALING

by Joel S. Goldsmith

主が家を建てられるのでなければ、建てる者の勤労はむなしい。（詩篇１２７篇１）

啓示がすべての物質的つながりを解消し、スピリチュアルな理解の黄金の鎖で人々を一緒に結び付けます。つまり、それはキリストの導きだけを認めることです。それは、神聖なる非個人的普遍的愛以外の儀式も規則ももっていません。それは、神霊《スピリット》の神殿で灯された内なる炎以外の礼拝をもっていません。この融合はスピリチュアルな同胞愛の自由な状態です。唯一の束縛は、魂の規律であり、それゆえ、私たちは放縦のない自由を知るのです。私たちは肉体的制限をもたずに結ばれた世界であり、儀式や信条なく、神へ聖なる奉仕をします。啓示を受けた者たちは、恐れなく、恩寵によって歩くのです。（無限の道）

＊本書の中で使用した新約聖書と旧約聖書の訳は左記から引用しました。

新約聖書（日本聖書協会発行）
マタイによる福音書
マルコによる福音書
ルカによる福音書
ヨハネによる福音書
ローマ人への手紙
コリント人への第一の手紙

コリント人への第二の手紙
ガラテヤ人への手紙
ヘブル人への手紙
ヨハネの黙示録

旧約聖書（日本聖書協会発行）
出エジプト記
ヨシュア記
サムエル記上
歴代志下
詩篇
箴言
イザヤ書
ダニエル書
ヨエル書
ハバクク書
ゼカリヤ書

スピリチュアル・ヒーリングの本質　目次

第一部

スピリチュアル・ヒーリング：

原理

1章　スピリチュアル・ヒーリングとは何か？

世界は新しい宗教を必要としていませんし、また新しい哲学も必要としていません。世界が必要としているものは、ヒーリングと再生です。世界が必要としているものは、神への献身を通じて神霊で非常に満たされているおかげで、その人を通じてヒーリングが起こる道具となりうる、そういった人たちです。なぜなら、ヒーリングはあらゆる人にとって重要だからです。

前世紀（十九世紀）まで、ヒーリングは主に医学的職業の特権だと考えられてきました。しかし近年、非常に多くの教会がこの話題に関心を向け、今日では、マインド、体、個人的人間関係のヒーリングは、医者の職場と同じくらい教会の機能であると考えられ始めています。教会は祈りや他の手段によるヒーリングの可能性を議論するようになってきました。また他の組織も、様々な形態のヒーリングを調査し、その研究と実践を推進する目的で作られ、その研究の範囲はスピリチュアル・ヒーリングから、心理学的ヒーリングやサイキックなヒーリングまで様々です。スピリチュアル・ヒーリングはますます議論され、実践されつつあります。

次の半世紀かそこらのうちに、まるで物質医学は現在知られているほとんどあらゆる肉体的病気の治療法を、発見してしまうように見えます。そうなれば、肉体的病気の治療に関するかぎり、形而上学的プラクティショナー（物質医学によらないヒーリングを実践する人）の必要性はほとんどなくなることでしょう。しかしながら、だからといって、物質医学が人生の問題を解決するわけではありません。それは世界の問題を解決しないことでしょう。なぜなら、世界の問題は、本当は病気の問題ではないからです。病気は、人生の不調和と不和の多くの面の一つにすぎません。医療の進歩はスピリチュアル・ヒーリングの必要性を排除しないことでしょう。なぜなら、体の治療に関して百パーセント成功するとしても、そういった治療がその人に自分の魂を啓示することができるとは、私には思えないからです。それはスピリチュアル・ヒーリングのプラクティショナーの機能となるのです。人は、すべての肉体的、精神的、道徳的、または財政的問題が取り除かれても、そのときでもまだ内なる不安があることに気づき、まだ本当の平和を経験しないことでしょう。

人は神の中に自分自身がくつろいでいることに気づくまで、誰も完全には健康ではないのです。人は神との内なる交感を発見するまで、たとえ経済状態が素晴らしくても、完全には満足することはないでしょう。テレビを見ることは人の魂を満足させないでしょうし、野球やサッカーの試合を見ることも、心の平和、ないし魂の平和を見付ける方法でもなければ、また地上に平和を、人々の善意をもたらす満足すべき方法でもありません。こういったことが間違っているとか悪いということではないのです――それらはその場所ではすべていいものです。それはすべてその機能をもっています。しかし誰も今まで、サッカーや野球の試合、テレビやダンスに永遠の調和を見い出した人はいません。

人間の存在の調和はただ、人が神を発見するときだけ、人が自分自身よりも偉大なものとの内なる交感に到達するときだけ、達成されるものです。それが本当のヒーリングであり、最後のヒーリングです。それが世界が求めているヒーリングです。ですから、仮にこの瞬間あなたのすべての病気や精神的病気が癒えて、あなたの経済的状況や個人的人間関係があなたの満足のいくものであっても、それでも内側には不安と不満があることでしょう。あなたが自分の家族の中にどれほどの幸福を発見したとしても、夜に寝室に退去するとき、あなたは孤独でしょう。なぜなら、私たち一人ひとりの中に故郷へ帰って、自分の父母と暮らしたいと思う「何か」があるからです。

スピリチュアル・ヒーリングは、様々な人たちによって様々な目的で求められています。肉体的病気のせいで、それを求める人たちもいれば、精神的、道徳的、財政的問題のせいで、それを求める人たちもいれば、内なる不安のせいで、それを求める人たちもいます。そういった不安のせいで、外側でどんな満足と成功を見付けたにせよ、彼らは平和ではありません。しかし、遅かれ早かれ人は、自分がどれだけの健康や富の分け前があっても、自分の存在の源泉との意識的接触を確立するまでは、不幸、不満、不完全さがなくならないことに気づくのです。

スピリチュアル・ヒーリングは、単なる肉体的経験とか精神的経験さえはるかに超えるものです。ヒーリングとは、この世界の他の何よりも偉大な、はるかに偉大な何かとの内なる交感を発見することです。それは、神の中に自分自身を発見することであり、スピリチュアルな平和、内なる平和、内なる輝きの中に自分自身を見い出すことなのです。そして、そのすべてが、神が私たちとともにあるという目覚め、つまり、神の存在とパワーの感覚と一緒に私たちのところへやって来ます。その平和の中に休息することで、体はその通常の機能を回復し、これらの機能は私たち自身のパワーではないパワーによって遂行されます。そのとき肉体は完璧で完全な健康、若さ、活力、強さを送り出し始め、それはすべて主からの贈りものなのです。

スピリチュアル・ヒーリングは人の魂の中で神の霊が触れることです。そして、それが人に触れるとき、それは人を新しい次元の人生、スピリチュアルな次元に目覚めさせます。「主の霊のあるところには、自由がある」（コリント人への第二の手紙3章17）。ただしそれは、主の霊が電気治療器や外科治療としての役目を果たすからではなく、主の霊が探求者を新しい意識の人生へと引き上げるからです。その意識の状態とは、マスター（訳注：イエス・キリストのこと）が、「この世界」に所属していない「私の王国」と描写したものです。この意識状態に到達すると き、その人は三次元以外の次元の人生を生き、人間の人生のレベルではまったく知られていない経験をするのです。それが、世界が求めている目標です。とはいえ、世界はその目標が何なのか、またそれをどうやって達成するのかをまったく理解していません。

イエスが無力の男性に次のように言ったとき、人生のこの高い次元の一瞥を私たちに与えました。「なおりたいのか……起きて、あなたの床を取りあげ、そして歩きなさい」（ヨハネ5章6－8）。明らかにこのことは、神が肉体的病気を治療するのではなく、肉体的病気は実際はパワーでもなければ、制限する影響でもないことを示しています。それゆえ、彼が肉体的苦痛として経験していることにもかかわらず、何も彼を妨害することができなかったのです。その男性が反応したとき、それは、自分の肉体的制限が作動しない意識の新しい次元へ、彼が引き上げられたことを意味しています。

最初のスピリチュアルな経験が私のところへ来たとき、私はヒーリングそれ自体を求めていたわけではありませんでした。確かに、私はヒーリングを必要としていました――風邪のヒーリングです。しかし、その日以前の長年の年月の間、ヒーリングは私の研究と探求の目的ではありませんでした。私は自分が求めていることが何なのかわからなかったのですが、私の母が「おまえは神を求めているのよ」と言ったとき、彼女は正しかったと納得しました。この経験が起こった特別なその日、私がヒーリングを期待し、それを受け取ったにもかかわらず、自分の内部で私を駆り立てたのは、ヒーリングではなかったのです。それは神を発見することでした。

しかしながら、奇妙なことに、三十六時間以内に私の顧客の一人である買い手が、「もしあなたが私のために祈ってくれるなら、私は癒されることができます」と私に言ったのです。私がその当時知っていた唯一の祈りは、「主よ、私は今、眠ります……」（伝統的キリスト教の祈り）だけで、それはたいしてヒーリング効果がないだろうことは明白に思えました。

しかし、「あなたが私のために祈ってくれれば、私は治ります」と彼女が言い張るので、私には祈るしかありませんでした。私は自分がいつも神に対して正直であってきた、と喜んで言えます。ですから、私は目を閉じ、言いました。「父よ、あなたは私がどうやって祈るのか知らないことをご存じです。確かに私はヒーリングについて何も知りません。ですから、私が知るべきことが何かあれば、私に教えてください」。まるで声が話しているかのように、ものすごく明確に私は聞いたのです。「人はヒーラーではない」。それは私を満足させ、私の祈りはその程度でしたが、それで充分でした。その女性はヒーリングを得たのです。

その翌日、旅行中のセールスマンがやって来て、「ジョエル、あなたの宗教が何か知りませんが、でも私には本当にわかるんです。もしあなたが私のために祈ってくれたら、私は治ることができるでしょう」。そんな状況で私は何をすることができるでしょうか？　議論でしょうか？　いいえ、私にできることはただ、「では、目を閉じて、祈りましょう」と言うことだけでした。

しかし、私が目を閉じていた間、明らかに何も起きていなかったにもかかわらず、彼は私に触れ、言ったのです。「素晴らしい！　痛みが全部なくなったよ」

そういった種類のことが日々の経験となり、だから、それから一年半後のある朝、私が自分のオフィスに入って行ったとき、仕事の同僚が、「君に二十二回電話がかかってきたよ。それも一つとして顧客からではない。すべての電話は君に祈りを求めている人からのものだ。彼らは癒されたいと思っているんだ！　君も目を覚ましたらどうだい？」と私に言ったとき、私は驚くべきではなかったのです。それから私は会社を出て、町に出かけ、スピリチュアル・ヒーリングの実践に専念するためのオフィスを借りたのです――それ以来、ずっと私はそれに従事しています。

長年の研究、実験、実践、さらなる啓示のあとでようやく、スピリチュアル・ヒーリングがどのように達成されるのかについての答えがやって来ました。この啓示は、一般に教えられているものとはまったく異なるので、それを他の人たちに教えることが非常に困難だとわかりました。私が言わんとしていることを理解できた人たちは、ほとんどいなかったのです。私は今でも同じ困難をかかえています。なぜなら、スピリチュアル・ヒーリングとは非常に奇妙で、非常に革命的で、普通の考え方とはまったく異なるので、それを分かち合ったり、教えたりすることは難しいからです。

非常に頭のいい人たちであっても、スピリチュアル・ヒーリングの神秘を理解することが困難な人たちがいる、という事実は否定できません。数年前、私はあるホテルに呼ばれ、そこで一人の女性が死にかけていました。彼女の家族は形而上学に対して何の知識も信仰もありませんでしたが、医学的治療を通じた効果的治癒の見込みがないと彼らが聞かされたときに、最後の手段として形而上学的治療を試みる気になったのです。私がしばらくの間、患者と一緒にすわったあと、ロビーに下りて行くと、そこで他の家族が私を待っていました。その中の一人の男性が、「ちょっとお話ししたいのですが、いいですか?」と尋ねたので、彼らは私から慰めがほしいのだと思い、私は会話に加わりました。

その会話は次のような断言的な言葉で始まりました。「もちろん、私たちはこういった方向での助けは、本当は期待できないことを知っています。なぜなら、こういった性質の病気を治療するのは不可能だということは、よく知られた事実だからです」。私が彼の言葉に反応しないでいると、彼は続けて言いました。

「あなたは私の言うことに賛成ではありませんか?」

そのときの私の答えは、「私たちがそれについて話す前に、少なくとも五分間、コペルニクスの理論（訳注：地球が太陽の周囲をまわっているという地動説）について話し合い、その話題をまず片付けるべきだと思いませんか？」というものでした。

彼は驚いて私を見ました。「コペルニクスの理論？　それは何ですか？　それがこれと何の関係があるのですか？　それは何ですか？」

「あなたはそれについて聞いたことがないのですか？」

「いいえ、私はそれについては何も知りません」

「あなたは知らないのですか？」

「はい、私はそれを議論できません。私はそれがどんなものかまったくわかりません。私はそれについては何も知らないのです」

「でも、だからといって、なぜあなたはそれについて話すことができないのでしょうか？　あなたはこの病気に関するスピリチュアル・ヒーリングについて、何も知らないにもかかわらず、それについて話すことには自信をもち、話す用意があるわけです」

スピリチュアル・ヒーリングに対するそういった態度は多くの人たちの典型で、彼らはこの話題全体があまりに雲をつかむような感じで実体がなく、人間の理性に反しているので、それは自分にはまったく理解不可能だと思うのです。彼らは、スピリチュアル・ヒーリングは理解するのが困難で、人間のマインドにはそれは愚かしく見えることに気づきます。なぜなら、この世の中のすべての証拠がそれに反するからです。スピリチュアル・ヒーリングがよって立つ原理を人が受け入れることができる唯一の方法があり、それは、もしその人の存在の内部で確信を感じるなら、そのあとから、自分の経験の中に調和が展開されるのを見始めるということです。

もしあなたがスピリチュアルな手段で少しでもヒーリングを本当に経験したとしたら、マインド、肉体、魂の完全なるヒーリングを受け取る方法が、あなたに開かれるということが明確であるべきです。あなたが、誰か他の人がヒーリングを受け取るその道具である瞬間、それが消化不良とか普通の頭痛というような単純なものであっても、そのことはあなたにとって、「**存在**がある、**パワー**がある」、つまり、人間マインドには知られていない**何か**が有効であるという証明になるはずです。それが言わんとしている意味は、そのときから、あなたのワークと私のワークは、目覚めがやって来て、そのあとに実証が続くまで、自分の探求を継続し、**存在**の活動の中で自分自身を成長させなければいけない、ということです。

ライト兄弟（アメリカの飛行機製作者）がわずか五十七秒の間、彼らの飛行機を浮かせ続けることができたとき、彼らは未来の交通機関の成功を確実なものにしました。やがては一時間に三百、四百、千マイルを移動できることは必然だったのです。事実、人間が到達できるスピードの制限はないように思えます。最初の自動車が一区画を移動することに成功したとき、それはその種の交通機関の未来の成功を確実にし、馬と馬車の時代が終わりを告げました。

ですからあなたが、**超越的存在とパワー**、私たちが神、神霊、キリストと呼んでいる何かを、一度最初に意識的に気づく経験をするとき、そのことはあなたのマインドの中で永遠の成功を確実にし、それがゆっくりと達成されるにしろ、素早く達成されるにしろ、いつかパウロ（キリスト教初期の伝道者）とともに、次のように自分が言えることを知るのです。「生きているのは、もはや、わたしではない。キリストが、わたしのうちに生きておられるのである」（ガラテヤ人の手紙2章20）。あるいはイエスとともに、「わたしは、自分からは何事もすることができない」（ヨハネ5章30）、「父がわたしのうちにおられて、みわざをなさっているのである」（ヨハネ14章10）、と言えることを知るのです。

あなたや私が自分の寿命の六十年、七十年、八十年、九十年の間、問題をそれほどもたなくてもたくさんもっても、そのことはたいして重要ではありません。しかしながら、そのことは世界にとっては途方もなく重要です。なぜなら、一人の個人が一定の健康、調和、内なる平和、喜び、満足、自分の必要が充分に満たされていることを示せば示すほど、その程度において、その人は世界の光、他人が従うべき霊感になるからです。その光は、自分たちもまた神を知ることができるという同じ希望、同じ大志、同じ目的で他の人たちを満たし、そのために一日数時間を喜んで犠牲にしようという気持ちにさせるのです。そして、スピリチュアル・ヒーリングがあちこちの光を通じて、意識の中に顕現するようになるのです。

ときに私たちは一人の男や女の人生が、どんな影響を与えうるのかということを忘れがちです。私たちの誰も、自分の人生のある特定の瞬間――ある瞬間やある時間――の途方もない重要性を知りません。私が一九二八年の後半に経験したのと似たような経験を、したことがある人がいるかもしれません。そのとき私は、真にスピリチュアルな啓示を受け取った人と一緒に瞑想していたのですが、神霊が私に降りて来て、いわゆる私たちが「この世界」と呼んでいるものから、私は引き上げられたのです。それ以後、この世の物事はもはや私の関心を引くこともなく、それ以後の私の全人生は、スピリチュアルな道を歩く仲間と一緒に聖書と形而上学と神秘学の文献とともに、自分の内なる存在の中で生きられたのです。私の人生のそれ以外のことがすべて抜け落ちたのです。

この二時間が私の人生の全コースを変えてしまいました。なぜなら、私がそこを去ったとき、私は啓示を受け取り、そのおかげで、ビジネスの世界を飛び出し、スピリチュアル・ヒーリングの聖職の中に入って行ったからです。その結果、その瞬間から今日までそれが展開し続けています。その訪問の価値を測れる人がいるでしょうか？　その日の価値を測れる人がいるでしょうか？　値段を付けることができない貴重なものの価値を、測る方法はないのです。

しかし、私がそれ以前の十三年間の間を、「神よ、どうか私にお話しください！　私に何か言ってください。神がいることを私に知らせるために、何かしてください」と懇願し嘆願しながら、聖書と形而上学の本を読んで過ごしたからこそ、その経験は私にやって来ることができたのです。その探求のあらゆる断片が、私の全人生を変えたその一分のために私を準備してくれたのです。自分の魂を開いてくれる人、メッセージ、本と触れ合うとき、どの瞬間に自分の人生が変わるのか、あなたにはわかりません。ひょっとしたら、自分のことをあまりにつまらない人間であるとか、あまりにとるに足りない人間である、とあなたが思っているなら、この世代と次の世界の人たちに霊感を与えているほんの少数の人たちのことを、ただ思い出してください。あなたが神への献身、神を考えること、熟考すること、愛することを通じて、この全体性に到達したことが知られるとき、あなたの人生の健康と調和がどれほど無限の影響の証明となるのか、考えてみてください。

スピリチュアル・ヒーリングを通じて世界を究極的に救済することは、**個人的あなたや個人的私**を通じて、あるいは、あちこちにいる**個人的彼と個人的彼女**を通じてやって来るのです。そういった人たちは自分の人生で示した成果によって、友人や親戚にスピリチュアルな理解を探求したいと思わせ、その何かは最終的には近所の隣人にも、「行って同じことをする」ように励ますのです。

一人ひとりが、枠《かせ》に巻かれた糸束の中や、ロープの中のより糸なのです――鎖の中のつながりなのです。一人ひとりが光全体の中の一筋の光線なのです。誰もそれ以上になれません。全体を作り上げるのに、自分の役割で貢献しているここや向こうにいる一人ひとりが必要なのです。ヒーリングがもたらされるたびに、それがあなた自身のためであれ別の人のためであれ、世界は恩恵を受けます。一つひとつのヒーリングが起こるゆえに、世界は完全なスピリチュアルな光を受け取ることにそれだけ近くなるのです。

ヒーリングの秘密は必ず学ばれなければなりません。第一に、神が存在する、そして二番目に、神の性質は善である――神の性質は愛であり、神の性質は知恵であり、神の機能は自分自身に似せてイメージを創造するだけでなく、すべての人類も含めて、そのイメージを、調和、全体性、完全性、完璧さの聖なる抱擁で維持し支えることです。それが神についての真理ですが、しかしその真理は、無限で創造的で維持し支える神の存在と性質によって、必ずしもあなたや私が恩恵を受け取るという意味ではありません。なぜなら、私たちにはまだやるべきことがあるからです。その何かとは、「（あなたがたは）真理を知るであろう。そして真理は、あなたがたに自由を得させるであろう」（ヨハネ8章32）、です。

神の仕事は為されました。神の仕事は初めから終わっていました。二×二はすでに四ですが、あなたがその原理に気づくようになってようやく、その声明の真理があなたの経験の中で機能するようになるのです。電柱、電話、飛行機、ラジオ、カラー・テレビは数百万年前も可能でした。あらゆる古代、そして、現代の発明の**原理**は常に存在していました。それらの発明・発見はただ、サミュエル・モールス（アメリカ合衆国の発明家。1791〜1872）、トーマス・エジソン（アメリカ合衆国の発明家。１８４７〜１９３１）、チャールズ・ケタリング（アメリカ合衆国の科学者、発明家。１８７６〜１９５８）、グリエルモ・マルコーニ（イタリアの発明家、１８７４〜１９３７）、グレン・カーチス（アメリカ合衆国の航空に関するパイオニア。１８７８〜１９３０）、オーヴィル・ライト（アメリカ合衆国の飛行機発明家。ライト兄弟、ウィルバーの弟。１８７１〜１９４８）、エンリコ・フェルミ（イタリアの物理学者。１９０１〜１９５４）、アルベルト・アインシュタイン（ドイツ生まれの理論物理学者。１８７９〜１９５５）といった人たちがやって来て、これらの革命的考えを支配している原理を**明らかにする**のを待っていただけです。

すべての音楽、すべての芸術、すべての文学はすでに存在しています――今まで知られてきた、そして今、知られている、そして、次の数百万年の間に知られ、作曲され、書かれるだろうすべては、すでに存在しているのです。これらのすべては初めから存在してきたのです。必要なことはただ、私たちが内部のそのスピリチュアルな領域にどうやって向くのかを学び、常に存在してきた神の創造を全面に出すことをゆるすことです。

神の仕事は為され、終わり、完成していますが、私たちが真理を学び、その真理と自分自身を調和させる方法を知って初めて、神の仕事は私たちの意識的気づきの中で進展してくるのです。ですから、次のステップは神によるものではなく、それはあなたと私にかかっています。

2章　神は召使いか？

ほとんどの人たちにとって、神はまだ最大の「未知」で、わけもわからず崇拝されているだけです。神の性質を理解することを求めてきたどれほどの人たちが、次のことを尋ねてきたでしょうか？「神は存在するのだろうか？　神が存在することを、どうやって私は知るのだろうか？　私は、神が存在すると聞かされてきたが、しかし、もし私が証言台に立って、神が存在することを知っていると誓わなければならないとしたら、私の答えは何になるのだろうか？　私は、神が存在すると本当に知っていると誓うことができるだろうか？　私はどんな証拠をもっているのだろうか？　私は神を面と面と見たことがあるのだろうか？　私は自分の内部に神を感じたことがあるのだろうか？」

そんな質問にあなたは何と答えるでしょうか？　あなたは、「はい、私は神が存在することを知っていますし、神とはこのようなものです」と言うでしょうか？　あなたは神をどのように描写するのでしょうか？　神は描写されうるものでしょうか？　神は、ほとんどの人が神とはこういうものだと思っているようなものではありません。神は、あなたが想像したり考えたりするどんなものにも似ていないのです。なぜなら、あなたが自分のマインドで享受している神のどんな概念も、限定されているにちがいないからです。それらはあなたがもっているか、あるいは、あなたが自分自身の内部で創造したか、誰か他の人から学んだかした概念です。

立ち止まって、神のこれらの概念がどこから来たのか、少し考えてみてください。誰があなたにそれを与えたのでしょうか？　あなた自身が、神についての自分の観念を作り上げたか、それとも、何かを読んで、誰か他の人が信じている何らかの説明を受け入れたか、または子どものときから、神に関して誰か他の人たちの観念を受け入れるように教えられてきたか、いずれかが本当ではありませんか？　神についてのあなたの概念は、人間が作ったものでしょうか、それとも、それらは内なる経験の結果でしょうか？

神と完全に一つであることを理解したイエスにとっては、神は「父」（内なる父）を意味しました。しかしながら、私たちが神を父として考えるとき、すぐに特定の一人の父という観念の観点で考えます。一人ひとりが自分自身の経験の影響のせいで、異なった父の観念をもっています。この現代という時代においては、子どもたちはしばしば自分の両親を、自分の望みを叶えてくれるために存在している、ある種の召使いとして考えています。そして、多くの大人たちは召使いとしての両親というこの観念を、神についての自分たちの概念に組み入れ、これらの子ども時代の観念のイメージと似姿で彼ら自身の神を作ります。彼らは、彼らの願いを叶えるという光栄を待っている超人として神を考えるのです。つまり、何らかの形で神が彼らに神の好意を必ず示してくださる、といった種類の神です。そして、もし正しい言葉の組み合わせを学ぶことができれば、人は神を説得して、自分のためにヒーリングをしてもらえるような、そういった神の好意を得ることができる、と彼らは考えるのです。しかし、そんな神はいないのです。あなたが人間の好意を必要としないのと同様に、神の好意も必要とはしていません。自分が必要とする神のすべての好意を、あなたはすでにもっているからです。

もしあなたが自分の内部を振り向き、イエスが神を父として言及したとき、彼が何を言わんとしたのか、自分にはわからないと認め、それから、父としての神とは何かを神があなたに語るのを待つなら、たぶんあなたは私と似たような経験をすることでしょう。とはいえ、おそらくまったく同じではないでしょうが。なぜなら、一人ひとりが異なったやり方で神の知恵を受け取るからです。私が自分の内部へ振り向き、そして、「父としての神とは何か？」と尋ねたとき、「創造原理」という答えがやって来ました。神はこの宇宙の創造原理であり、その「原書注1」性質は無限で、すべてを包含する愛です。

神の性質は、神は自分がすでにやってないことをやることはできず、そして、神を説得してやらせることもできない、というものです。そのことを明確に理解してください。神が今やっていないことを、彼にやるように頼んだり期待したりすることは、時間の無駄になるでしょう。誰も朝、太陽が昇ることや夜に沈むことを神に祈りませんし、潮の満ち引きを手配するように神に祈りません。誰もバラからバラが咲くことを、パイナップルからパイナップルができることを、ミルクからバターができることを祈りません。誰も、自動エンジンや飛行力学の法則を変えてくれるように、神に祈りません。つまり、ほとんどの人は自分自身の小さい自己が巻き込まれるまでは、神がそれ自身のやり方で、それ自身の宇宙を運営するのを完全に喜んでまかせているように思えます。ところが、自分の自己が巻き込まれるとき、彼らは神に向かって言うのです。「ああ、神様、私のためにこれをやってくれませんか？　私や私の家族を守っていただけませんか？　私や私の家族を癒していただけませんか？　私と私の家族に食料と衣服を送っていただけませんか？」と、いったようにです。

もちろん神はそういった祈りには応えないのです。神はこの地球上のすべての人々が消費できる以上の食料を、大地でも海でも提供しました。神にもっと多くを祈っても無駄です。神の仕事は初めに為され、神はそれを善きものと発見しました。あなたや私自身の利益のために、あなたや私の国家のために、あなたや私の家族のために、神の宇宙を変えさせようとするのは無駄なことです。もしあなたが神の恩寵を経験したいなら、神と提携し、今それが流れているままに、そして、常にそれがあり、常にあるだろうがままに、神の恩寵を受け取ることが必要です。

必要とされているのは、神を正しく知ることであり、それをあなたは、真理を黙想することを通じておこないます。あなたが神の性質について瞑想〔原書注2〕しながらその中に留まるにつれて、すぐに神の性質は愛と知性であることがわかるでしょう。神の知性と愛ある性質のおかげで、あなたが肥沃な大地にバラの種を蒔けば、あなたが望まない何かではなく、バラの花を得ることを確信できるのです。

そういった黙想の最中に、次のことが思い浮かびます。「私は何を恐れることがあるだろうか？　神は存在し、その神は愛である。それで私の全問題は終わりだ。もし神が愛でないなら、そのとき私は本当に問題をもつことだろうが、私が神は愛だと知る瞬間、私にはもはや問題がない。それで問題は終わりである。もし神が無限の知性であり、私に王国を与えるのが彼の大いなる喜びであるなら、どんな種類の問題を私はもちうるだろうか？　私は問題のように見える何かを忘れることができ、神が愛であることを知らない男女、子どもたち、そして、言葉は聞いてもそれらを信じていない人たちを助け始めることができる。そして、彼らを助けることで、私は意識的目覚めを自分にはっきりと感じさせるのだ」

あなたが神の性質について瞑想するにつれて、神が存在しなかったときは一度もなかったことを認識するでしょう。そして、人間理性の限られた観点から見ても、神が存在しなくなるときもけっしてないだろうということも、示唆されることでしょう。

その確信とともに、神は永遠であるという啓示がやって来ます。さらに、神がいない場所もないのです。天文学の発見は、太陽、星々、月、惑星を神が創造したことがいかに無限で、そしてまた、それらがおのおのの軌道の中で、何と知性的方向性と秩序をもって動いているのかを示しています。そういった熟考の自然な結論とは、次の理解です。「もし父がもっているすべてが私のものであることが真実なら、そのときには父の特質も私の個人的存在の特質です。

同じ知恵、法則、秩序が私の経験の中で活動しています。神の性質と特質を構成しているすべては、私やあなたの個人的存在の性質も構成しています」

神は昨日も今日も永遠に同じであるというのが真実なので、そうであれば、神は昨日やっていなかったことの何も、今日やることができず、明日もやっていないことでしょう。神は与えるべき健康をもっていません。神は与えるべき調和や富や雇用をもっていません。なぜなら、神は愛なので、神は健康も富も平和も差し控えることができないからです。あなたが神にようやく祈るまで、あなたを病気のままにしておく神とは、いったいどんな種類の神なのでしょうか？　そういった神とは、単に美化された人間的存在にすぎず、神ではまったくありません。神は全能、遍在、全知の神であり、あなたが知るより以前にあなたが必要とするものをご存じです。神の喜びはあなたに神の王国を与えることです。しかも、あなたがすわって、待って、どうやって自分の利益のために神に影響を与えるかを発見しようとしなくても、あなたにそれを与えることです。それにもかかわらず、神に影響を与えようとすること、それが、世界がやっていることではないでしょうか？　人々は、神に影響を与えて、自分のために何かをやってもらう方法を発見することに、時間を使っているのではないでしょうか？

あなたが一なる無限の善としての神の性質を理解しないかぎり、自分自身の目的のために神を使おうと試みることでしょう。あなたは真理を使おうと試みることでしょう。喜んで神に**よって**使われてください。喜んで真理に**よって**使われてください。真理がそれを通じて、それ自身を啓示する道具に喜んでなってください。でも、神を使おうと試みないでください。神、真理をけっして使おうとはしないでください。

もし神の性質を理解するなら、あなたはけっしてどんな**物**のためにも、神には祈らないことでしょう。神はただ自分自身という与えるべき贈りものをもっているだけで、その贈りものの中ですべての必要が満たされるのです。それ以外の神は人工的神話で、マスター以前の数世紀の異教徒たちによって発明されたものです。異教徒たちはそういった種類の神を崇拝しました。彼らは神から常に何かを**得る**目的で、多くの神々を崇拝しました。雨が降らないときは、雨のために祈りました。雨が降りすぎるときは、それが止むことを祈りました。洪水や嵐があるとき、神がそれを止めてくれることを祈りました。そして、食料がないときは、彼らは食料のために神に祈りました。そういった祈りは純粋に異教徒的で、人々が自分自身のイメージに似せて神を作った時代からの遺物です。なぜなら彼らは、神が何なのか、まったくわからなかったからです。彼らは一つの神から自分がほしいものすべてを得ることができなかったので、多くの神々を作ったのです。一つの神は雨を得るために、また別の神は作物を得るためのものです。また肥沃さのための神もいれば、他の何かのための神もいました。

アブラハム（ユダヤ民族の父）が一つの神の教えをもってやって来たとき、彼の信者に関するかぎり唯一の革新は、十の物事のために十の神に祈る代わりに、同じ十の物事のために一つの神に彼らが祈ったことです。彼らは、自分たちが善であれば、彼らに報い、自分たちが悪であれば、彼らを罰する神に祈りました。

しかし、神とはそういうものではありません。神の性質とは、彼の雨は正しい人たちにも正しくない人たちにも降るようなものです。神は聖人にも罪人にも同様に有効です。彼は、肌の色、人種、信念、宗教、あるいは、宗教の欠如にもかかわらず、すべての人を公平に見ています。人々の経験の違いは、神の責任ではありません。それは、彼らが神に対して無知であり、神の気づきに欠けているからです。

物事――健康、お金、家々、仲間――を求めて、神に祈ることとは、自分の願いに従うようにあなたが命令できる召使いとして、神を見なすことになるでしょう。神はあなたの喜びのために作られた道具だ、とあなたは本当に信じているのでしょうか？　それとも、あなたが神の喜びのために作られたのでしょうか？　神が天国にいるにしろ、あなたの内部にいるにしろ、神はあなたの目的に仕えるために、あなたの願望を叶えるために呼び出しをただ待っている、とあなたは本当に信じているのでしょうか？　それとも、神は宇宙のスピリチュアルな創造原理で、この宇宙は神に奉仕し、あなたも神の目的に奉仕しているのでしょうか？

あなたと私も、太陽、月、星々、鳥、動物、魚と同じく、神の目的に奉仕するために作られたことを謙虚に理解する代わりに、神が自分に奉仕することを待ち望んで、世界は馬に乗って地獄に向かっています。神のイメージと似姿、まさに神自身が表現されたものは、神の目的に奉仕するために、人間ではなく神の栄光を称えるために作られたものでした。神は人間を称えるためのものではないのです。神は神を称えるためのものなのです。あなたが指示しアドバイスを与える何かという、通常の神の観念を反転させ、あなたこそ神について教えられるべきであることを、自分の意識の中で明確にしてください。

真理があなたを使ってその栄光を啓示するかもしれないという、内側からの聖なる衝動を受け入れ、それに反応してください。天国は神の栄光を現しています。地上は神の栄光を多様なやり方で現しています。そして、あなたは神の栄光を現しています。あなたはあなた自身の栄光ではなく、神の栄光を現しているのです。あなたが神を表現しているのではありません。あなたは神を反映しているのではありません。いいえ、違うのです。神が神を表現し、その表現があなたとして現れているのです。神はあなたとして、自分自身をこの宇宙へと反映していますが、それはあなたとは何の関係もありません。神は自分自身を表現しているのです。神は神自身の作品を現しているのです。神はあなたや私を称えているのではありません。神は自分自身を称えているのです。あなたがそのヴィジョンに近づけば近づくほど、あなたによって示される神の栄光は大きくなります。

あらゆる膝はひざまずかなければなりません。あらゆる頭は神に対して頭《こうべ》を垂れなければならないのです。「すべての道で主を認めよ、そうすれば、主はあなたの道をまっすぐにされる」（箴言3章6）。それは、すべての道で神にあなたの願望を語ることでもなければ、神にあなたがどれほど徳が高いかを言うことでもなければ、自分の家族、自分の共同体、あるいは、国家がどれほど徳が高いかを言うことでもないのです。いいえ、**神に何も語ってはいけません。神を認めてください！**　次のように理解する以外、あなたはどうやって神を認めることができるでしょうか？

神よ、あなたはこの宇宙全体を創造した無限の知性であり、私の助けなくそれをどうやって運営するのかを知っている知性です。父よ、もし私があなたに、私が必要なものや私の家族や国家が必要なものを言ったとしたら、どうかおゆるしください。あなたが私に奉仕するだろうと希望して、私が自分の目を上に向けるたびに、父よ、どうか私をおゆるしください。私があなたの栄光を示すために、あなたのイメージと似姿で創造されたことを、どうか私に理解させてください。天国は神の栄光を宣言し、地上は彼の恵み深さを示します。［原書注3］

最高の創造物である人間は、最大限神を示すべきです。個人的あなたや私である人間は、あなたや私のものではなく神のものである不死、永遠、無限、すべての善、健康、調和、全体性、無限の豊かさを示すべきです。神の恩寵が、あなたの目から見て明白になるべきです。神の肉体の調和が、あなたや私の体の健康として顕現されるべきです。神の無限の富、無限の豊かさがあなたの個人的財布と家庭の中で表現されるべきです。それはあなたのどんな徳によるものではありませんし、あなたが善人でそれに値するからでもなく、ただ神は愛で、その愛の性質はあなたが豊かに実を結ぶことだからです。神の大いなる喜びは、あなたが額に汗したり、働いたり、稼いだり、それに値したりすることなしに、あなたに王国を与えることです。あなたの善きものは額に汗することによってではなく、あなたの中で働く神の恩寵によって来るべきです――あなたは自分自身を神の召使いにする代わりに、神を自分の召使いにしようとすることによって、その恩寵を妨害しています。

しだいに神についてのあなたの観念も変わり、そのとき、あなたはサンタクロース的存在としての神に祈るのをやめることでしょう。あなたは祈りを放棄するわけではありませんが、今や祈りはあなたにとって新しい意味をもち始めます。

神は与えることもできなければ、差し控えることもできない、ということをあなたは見始めます。あなたは神の恩寵を閉め出すことはできますが、でも祈りを通じて自分の源泉と再び結び付くことができます。あなたの祈りは、どんな**物**も願ったり、求めたりするものではないでしょう。それは、もっと多くの光、より大きなスピリチュアルな知恵、より大きな洞察力を願い、求め、そのためにドアをノックすることになるでしょう。

あなたの祈りのおかげで、神とあなたの本当の関係の理解に一歩近付いたときだけ、あなたは喜んであらゆるものを放棄することでしょう。つまり、その関係とは、あなたは神の子、神の遺産相続人であり、神自身の無限の存在のまさに表現であるというものです。神の存在はあなたの存在になり、神の知恵はあなたの知恵になり、神の命はあなたの不死の命であり、あなたの肉体は生きた神の寺院となります。神の力、若さ、活力があなたの中を流れます。

神は無限の善で、この宇宙として自分自身を展開し、開示し、啓示するという神の仕事に常に従事しています。神は宇宙に何かを付け加えることができませんし、またそれから何かを引いたこともけっしてありませんでした。神はけっして増えたり減ったりできません。**神は在る**、のです。五千年前もこのことは真実でした——**神は在る**。今から数千年後も、**神は在る**、のです。今から百万年後も、**神は在る**、のです。神は無限であるとか善であるとか、神は生命であるとか、愛であるとか言うことは、**神は在る**と言うこと以上ではありません。それは、神についての私たちの知識の限界です——**神は在る**、のです。

もし神が存在するなら、そのときには私も存在します。私は、「昨日、私は存在している」と言うことはできませんし、「明日、私は存在する」と言うこともできません。私に言えることはただ、「もし神が存在するなら、私も存在する」ということだけです。私は何も求めませ

ん。というのは、父がもっているすべてのものは、私のもので、神であるすべてが、私であるからです。神は彼のイメージと似姿で私を創造され、そして、天空、空中、地上、そして、大地の下を流れる水の中にあるすべてのものに対する、完全なる所有と統治を私に与えてくださいました。神は私に統治を与えてくれたのです。だったら、どんなパワーが私を傷付けることができるというのでしょうか？　私は神に与えられた統治に恵まれているので、私の中に入り、「汚し、偽りを行う」（ヨハネの黙示録21章27参照）ことができるどんなパワーもないのです。

神が存在すると知っているなら、あなたのために何かをやってくれる神－パワーを探すことが不必要になります。神は存在し、神は存在している最中です。神は常に存在している最中です。神は存在している最中だった、というようなことはないのです。常に神が神をやっているだけです。それが私たちの救済です――神は常に神である最中で、神は常にパワーの最中で、愛の最中で、生命の最中です。神は常に知恵の最中です。存在するという観点で神を理解しようとしてください――それは二千年前のことでもなければ、私たちがそれに値すれば、存在するだろう、でもないのです。

新鮮な草が育っている、あるいは、木々から葉っぱが芽を出し、少しあとで花がはちきれんばかりに咲く公園へ出かけてください。神があらゆる瞬間に葉っぱ、花、果物として存在している最中であることに気づいてください。そして奇跡とは、誰もそのために祈ってはいず、誰もそれを頼んでいず、誰も自分がこういった物――果物、野菜、何千という丘の上の家畜――を、どれほど必要としているかを神に告げたりしていないことです。そして、それにもかかわらず、神はそのすべてに気を配っているのです。

そうなのです。神は私たちの誰からの助けや妨害もなしに、すべての私たちの必要に気を配っているのです。読者の皆さんの中には、一九〇〇年代初頭に、育成中の馬の数が不足しているので、将来馬不足になるかもしれないという重大な危険性の警告が、アメリカ国民に対して為されたことを覚えている人たちもいることでしょう。「数年のうちにこの国では、国内の商業的仕事のために使われる馬が不足することだろう。アメリカ人よ、それに対して何かをせよ！」というものでした。この呼びかけに対する答えはたぶん、「祈ったらどうだろうか？」というものだったことでしょう。しかし、数年のうちに、馬はもはや必要ではなくなりました。なぜなら、人間の発明の才能が内燃エンジンを発明し、自動車、トラック、トラクターにそれを採用して、馬に置き換わったからです。私たちは何を祈ったのでしょうか？　馬でしょうか？　人間が未来のために準備することができるとか、人間の知恵があれば、未来に備えることができると信じることの愚かしさが、わかりませんか？　あらゆる物事において、神の恩寵が私たちの充足です――今日、明日、そして、今から数千年後も。神は神の仕事をやっている最中です。神は今、自分自身を表現しています。そして、最高の形態の祈りとは、「神はすでに在る」、です。**神が在る**ことに満足してください。神が遍在し、全能であることに満足してください。神がこの瞬間、あなたがいる場所にいることに満足してください。

あなたが神をあるがままに見る、その啓示の瞬間が来るまで、神の性質を知って満足してください。生命の創造原理としての、つまり、すべての創造を維持し、支える原理、この宇宙の知性であり、まさにこの宇宙の愛と生命とネットワークである原理としての神を理解するにつれて、あなたは神に祈らなくなることでしょう。あなたは**神の中で**喜び、それがあなたの祈りになることでしょう。あなたは神と交感し、あなた自身のためにも、他の誰のためにも、何も神に求めず、そして、あなたの意志をおこなうための、あるいは、あなたの願望を満たすための召使いの役割へ、神をけっして格下げしないことでしょう。

神はこの壮大で栄光ある宇宙を創造し、維持し支えることで、自分自身の無限の性質を満たしているのです。そして、その中にいる私たちはもっとも崇高な方の召使いなのです。神が人間に奉仕することを期待しないでください。この地上で神であるすべてを示しながら、神の召使いであり、神の栄光を称える人であるという人間の機能を理解してください。偉大で大きな神に、小さくてちっぽけな「あなた」のために何かをさせようとしないために、あなたの祈りの性質を変えてください。

あまりに多くの人たちが、自分たちの願望を叶えるように神に指示し、期待することができる、と本当に信じているかのように行動しています。彼らは、自分がここにいるのは、自分を通じて神が地上に現れるための道具であるためなのだ、と理解しなければなりません。神が彼らに話しかけるようにする代わりに、あまりに多くの人たちが神に話しかけ、神に語り、頼み、指示し、神に命令さえします。だから、何の反応もないのです。神の声を聞いたモーセ（紀元前十四世紀のヘブライ人の指導者）のように人々がなるときだけ、反応がやって来るのです。そして、その神の声はモーセを導き、彼に何をどうやったらいいか教えたのでした。

ファラオ（古代エジプトの王の称号）のもとで奴隷だったヘブライ人は、彼らが囚われの身であった間、多くの困難に耐えていました。彼らは一つの神を崇拝していましたが、その信仰ゆえに、彼らはファラオの兵士たちに嘲笑されていました。「おまえたちの一つの神にどんないいことがあるんだ？　おまえたちの神はおまえたちに何をしてくれるというのか？　おまえたちはいまだ我々エジプト人の奴隷だ。おまえたちはいまだファラオの支配下にあって苦しんでいる。この神がどこにいるんだ？　この神は何をしてくれるのか？」

計り知れないほどの長い間、彼らの唯一の答えとは、「この一つの偉大な神は私たちのために何もしてくれず、私たちを奴隷状態で生かし死なせている」というものだったにちがいありません。彼らの中の一人が、謙虚になって神に自分自身を開くまでは、そうだったのです。

長い間モーセは、神が自分に話しかけてくるのを待ちました。あなたも長い間待たなければならないことに気づくでしょう。しかし、いったんあなたが静かな小さい声を聞いたなら、それはますます頻繁にやって来て、ついには意のままにやって来ます。あなたはただ目を閉じて、一秒待てば、必要なことが何であれ、あなたの意識的気づきの中に入って来ます。モーセが自分自身を神の召使いにした瞬間から、彼は神に導かれ、神に指示され、神に支えられ、神に養われ、そのとき、モーセを通じて、神はヘブライ人を救うために行動することができたのです。

もし人々が、神の声が彼らの内部で話すことができるために祈り、自分自身を神に開くことを学ぶならば、どんな国民、人種、どんな家族も救われることができます——そのとき、その声は彼らに指示し、彼らを導き、案内し、養い、衣服を与え、家を与えるのです。

父よ、私はここにいて、あなたの声を聞いています。私の内なる耳は開いています。私はどんな要求も命令も希望も野心もありません。私は、あなたがすでにやっていないどんなことも、あなたに何かしてくれるように頼みません。私はあなたの恩寵の言葉を待ちます。私はもっとも崇高な方の召使いです。

喜んでもっとも崇高な方の召使いになってください。**神の存在性**の基盤の上に立ってください。自信をもって祈ってください。主の指があなたに触れるとき、「汚し、偽りを行う」どんなものも入って来ないという信念をもって、祈ってください。主の指があなたの上にあるとき、あなたは、法則の支配化ではなく、神の恩寵のもとで生き、活動し、自分の存在をもつのです。そのとき、あなたの指導力を頼っている人たちは、病気への隷属から、不足の恐れから、人々や状況への彼らの束縛から導き出されることでしょう。

原書注1――世界のスピリチュアルな文献では、様々な神の観念が「父」「母」「魂」「神霊」「原理」「愛」「生命」などの言葉で示されています。それゆえ本書の中で著者は、神に言及するとき、代名詞「彼」と「それ」、「彼自身」と「それ自身」を相互交換できるものとして使っています。

原書注2――著者の『瞑想の技術』（The Art of Meditation　New York:Harper&Brothers, 1956;London:George Allen and Unwin, 1956）を参照のこと。

原書注3――本書の数行にわたる太文字の部分は、高められた意識の最中に著者に自然発生的にやって来た瞑想であり、それは、いかなる意味においても、肯定的宣言、否定的宣言、決まり文句として使われるように意図されたものではありません。それらは自由に流れる神霊の例として役立つように、ところどころ本書の中で挿入されています。読者が神の存在を実践する（訳注：内なる神の存在に気づいて生きるくらいの意味）につれて、その人もまた高揚した瞬間に、神霊の流出として、常に新しく新鮮な霊感を受け取ることでしょう。

3章　唯一のパワー

神の性質を理解するには、スピリチュアル・ヒーリングの基本原理を理解することです。病気を治すことは神の性質でしょうか？　あなたはそのことを本当に信じていますか？　もし神が完全にパワフルで、完全に愛なら、どうして神は昨日病気を治さなかったのでしょうか？　なぜ彼は今日を待っているのでしょうか？　なぜ彼は今日それをやっていないのでしょうか？

世界のほとんどの人々は、神は医者を通じて、彼らを癒すために働くと信じています。しかし、統計によれば、今世紀以前、神は充分な仕事をしていなかったのではないでしょうか？百年前、人々は、今日であれば、二十四時間で治療される病気で毎日死んでいました。なぜでしょうか？　神は、私たちではなく、彼ら（百年前の人々）には死んでほしいと思ったのでしょうか？　神はえこひいきするのでしょうか？

神は、私たちが死ぬことを喜んだことは一度もありませんでしたし、これからも一度もないことでしょう。さらに、私たちが死ぬことに神は一度も責任がありませんでした。前世紀には医者たちの医学知識が充分ではなく、医学もまだ発達していなかったため、患者たちを生かすことができず、彼らは死んだのです。そして、形而上学的ないしスピリチュアルなプラクティショナーも、患者を生かすほどの充分な知識がなかったので、そのため死んだ人たちもいました。こういった事柄を考えるとき、次の質問が必然的にわき起こるはずです。「神は、人が病気であることとは何の関係もないのだろうか？　神は、人をヒーリングすることとどんな関係があるのだろうか？　ヒーリングには何か他の原理があるにちがいない。それは何だろうか？」

その原理は、神の性質と、あなたが扱っているものの性質の理解を通じて啓示されます。神は無限の愛、無限の知恵、無限の善であるとあなたが理解するとき、神は「目が清く、悪を見られない者」（ハバクク書1章13）と知ることでしょう。病気は人間が作ったものです。そして、人間の成長したスピリチュアルな意識を通じてのみ、それは取り除かれるのです。

もしこの言葉の重要性と真実を理解することができるなら、「それなら、このスピリチュアルな意識の成長は私の責任である」と理解できるでしょうし、その理解は正しいのです。瞑想と黙想を通じて、神の性質が啓示されるようにしましょう。神は人を殺すパワーを病気にけっして与えませんでした。神は破壊するパワーを病気にけっして与えませんでした。なぜなら、すべてを愛する神の性質ゆえに、創造的で維持し支える神のパワーの外部に、病気はあるはずだからです。つまり、それは原因もなく、基盤も法則も実体も行為もないのです。

唯一のパワーだけがあり、その唯一のパワーとは、神です。しかしながら、唯一のパワーとしての神を理解することは、神は何かに**対する**パワーという意味ではありません。神は何かに対するパワーであるという信仰は、「パワー」という言葉を私たちが解釈することから生じます。神はパワーです。それは本当のことです。しかし、パワーとしての神を理解するためには、「パワー」という言葉の意味に対する私たちの観念を変える必要があります。その言葉自身は、電気のパワー、熱のパワー、冷たさのパワーのように、利用されうる何かという意味が含まれています。電気などのパワーは、すべて何らかの目的のために利用されることができます。風もまた動力源として利用されうるもう一つのパワーの例です。しかし、神はそういった種類のパワーなのでしょうか？

唯一のパワーの意味とは、まさにその言葉どおりです――唯一のパワー。そしてそれは、その唯一のパワーが行使され、利用され、応用されるべき他のいかなるパワーの余地も残しません。神はけっして使われることができません。それにもかかわらず、神はパワーです。事実、神はパワーであるだけでなく、このスピリチュアルな宇宙の中で唯一のパワーなのです。

それを詳しく説明してみましょう。いかなる状況のもとでも、ド、レ、ミにはある価値があります。ドは常にドで、レは常にレで、ミは常にミです。それらは全世界によって音程が狂って歌われるかもしれませんが、それでも、音階におけるド、レ、ミの価値を変えたりしません。同じことが数字にも言えます。1、2、3、4、5は、どこでどの言語の中で使われても、それ自身の内部で完結しています。何が不変の法則としてそれを確立したのでしょうか？　あなたではありませんし、確かに私でもありません——どんな人でもありません。

数字と音符にその価値を与えた生命の原理があるのです。音楽の完全で完璧な調子、完全で完璧な数字、宇宙の完全で完璧な法則の中に、それ自身を表現している生命の法則があるのです。誰がこれらの原理を確立したのでしょうか？　何がそれらを維持しているのでしょうか？　神以外の誰が、この宇宙を創造し維持し支える原理、この宇宙のパワーでありえるでしょうか？

あなたはその神-パワーを使うことができるでしょうか？　いいえ、できません。しかし、あなたは自分自身とそのパワーを**調和させる**ことができます。あなたはそのパワーの統治下ないし支配下に、自分自身を置くことができます。しかし、あなたはそれを使うことはできません。あなたは天のたった一つの星も動かすことができません。あなたは潮流を変えることができません。潮の満ち引きの時間は、千年もの先まで決まっています。

仮にあなたが神に連絡を取ることができるとしても、神は、罪、病気、欠乏、制限という否定的パワーに対して、何かをやってくれる偉大なるパワーではないのです。神がパワーであるのは、神はこの宇宙の創造的原理であるという意味においてだけです。神はある目的のために、太陽、海洋、そして、潮流を私たちに与えました。神は私たちに大地、谷、山、そして、森を与えました。これらすべては神が私たちに与えてくれたものです。しかし神は私たちに、私たちの目的のために神を使うパワーは与えませんでした。神の贈りものは使われることができますが、神のパワーは使われることができないのです。神は唯一のパワーであり、自分の宇宙を、永遠に不死の状態で完璧に調和的に公正に維持し支えています。

唯一のパワーという観点からあなたが生き始めるとき、あなたの経験の全流れが変わります。この世界では、破壊的な性質の人々、場所、物事の見かけにあなたはたえず直面します。あなたの平和、あなたの健康、あるいは、あなたの物事の調和を壊そうとする何かが常にあります。スピリチュアルな啓示を受けたあらゆる時代の人々は、こういった物事がパワーになるのは、それらをパワーとして受け入れ、それから、それらを恐れ、戦うことによってそれらにパワーを与えるときだけだ、と知っていました。

マスター、イエス・キリストは地上的パワーに何の恐れももっていませんでした。なぜなら、彼はたった一つのパワーしかないと知っていたからです。彼の弟子たちが悪に勝る自分たちのパワーを誇ったとき、イエスは素早くこう叱責しました。「霊があなたがたに服従することを喜ぶな。むしろ、あなたがたの名が天にしるされていることを喜びなさい」（ルカ10章20）。言い換えるなら、彼は弟子たちに、彼らは偉大な秘密、偉大な啓示を学んだのだから喜びなさい、と言っていたのです。たった一つのパワー――神しかありません。それゆえ彼らが支配化におくべき悪は、神の名のもとでさえも存在していないのです。これは物質世界には知られていない秘密であり、精神世界にも、そして、宗教の世界にも知られていない秘密です。これは神秘主義的世界にしか知られていない秘密です。神は無限のパワーであり、神の他にどんなパワーもありません。

だったら、罪、病気、欠乏、制限、死、天候、天気、伝染、感染の中にパワーがあるでしょうか？　基本にまた戻ってください——**神は無限のパワーである。**それだったら、伝染と感染の中にパワーがありうるでしょうか？

天候や天気の中にパワーがありえるでしょうか？　罪、病気、欠乏、制限、死の中にパワーがありえるでしょうか？　もし神が唯一のパワーであるとしたら、そういった中にパワーがありえるでしょうか？

もし神が唯一のただ一つの法則であることが真実であるなら、存在できる唯一の法則は神の法則です。もし神が無限の法則であるなら、病気の法則があるでしょうか？　唯一のものという神の性質がそういった可能性を排除します。それは、病気の法則、罪の法則、偽の渇望の法則を排除します。もし地上に何かの法則があるとするなら、それは神の法則のはずです。そして、神は無限なので、神の法則もその神の性質を分けもっているはずです。そしてその性質は、愛、知性、知恵以外の何でしょうか？　神は愛、無限の愛です。憎しみ、嫉妬、悪意の中に何かのパワーがありえるでしょうか？　愛の性質ではない何かの中に、パワーがありえるでしょうか？

すべての証拠が、この宇宙の無限の知性としての神を指し示しています。その無限の愛ある知性以外のパワーがあるでしょうか？　もし無限の愛ある知性以外のパワーがないなら、そのときには、どうして病気、脳への障害の法則、あるいは星々の運動を恐れるべきでしょうか？なぜあなたが天や地上、あるいは、地下の水の中の何かを恐れるべきでしょうか？　もしたった一つのパワー以外作動していないとすれば、そのときには他の何もパワーではありません。

唯一のもの――唯一の生命、唯一の存在、唯一の法則、唯一の原因――としての神の性質をあなたが理解するやいなや、その一つであることに矛盾するような証拠にすぐに注意が向きます。世界はすべての物質的法則を指摘して、それらは唯一のスピリチュアルな法則に反するものとして存在するように見えます――唯一のスピリチュアルな生命に反するものとしての病気、永遠と不死に反するものとしての老いと死――しかし、唯一のものとしての神を理解すれば、あなたは神の無限の性質の中では、神に反するどんなパワーもありえないことを認めることでしょう。神の性質の中には、何も否定的なものはありません。あなたが神の性質を、不死で永遠で調和的存在の継続的状態と認識するにつれて、こういったすべてのこの世界のいわゆる勢力とパワーは、パワーではないと発見することでしょう。そのときあなたは、マスターが「悪

（人）に手向かうな」（マタイ5章39）と言ったときに、彼が言わんとしたことを理解するでしょう。

このことが啓示されるとき、いかなる形態の間違いであれ、それを克服するようにあなたは神にけっして懇願しないことでしょう。あなたは悪い思考を相殺するために、正しい思考をけっして使用しないことでしょう。あなたは病気、罪、恐れを癒してくれるよう、けっして神に祈らないのです。神の無限の善の性質においては、病気、罪、恐れはパワーとしては存在していないことを、あなたは知るでしょう。神の王国においては、間違いに**対する**真理、悪魔に**対する**神、悪に**対する**善、間違っていることに**対する**正しいこと、物質に**対する**神霊といったものはないのです。**ただ無限で不死である永遠の神‐存在だけがあります。**

もしあなたが何らかの形態の活動と戦ったり、あるいは、神がそれを克服することを当てにしたりするなら、負けることでしょう。事実、地上のどんなことでも神がそれを克服することを当てにするなら、あなたは負けることでしょう。「（みこころが）天に行われるとおり、地にも行われますように」（マタイ6章10）、神は無限であること、そして、戦いはあなたのものではないことを理解する程度に応じて、つまり、そういった意識に達成して初めて、あなたは調和の中に入るのです。

あなたが人、罪、病気と戦うように誘惑される瞬間、最終的にはあなたを滅ぼす戦いに参加することになります。それ自身では、問題はパワーをもっていません。しかし、それ自身にパワーを負わせることによって、そのときそれがまるでパワーがあるかのように、あなたは反応するのです。もしあなたが、自分が信じている物質的パワーの手段によって自分の問題に対処しようとするならば、人であれ、物事であれ、状況であれ、その敵（問題）が、あなたの信仰よりも強固な物質的パワーへの信仰をもっていることがわかるかもしれません。また、あなたがメンタルな力、ないし正しい思考法という手段で問題に対処しようとするなら、再びあなたの敵がより強力なメンタルな武器を使う可能性があることでしょう。

個人の意識の中で徹底的な変化が起こらないかぎり、この世界の人々が人生とそのすべての問題にうまく対処し、罪、病気、戦争、貧困といった悪を見て、次のように言えるようにはならないのです。「それは一体私にとって何なのか？　それが神である宇宙の創造原理から来るのでないかぎり、『わたしに対してなんの権威もない』（ヨハネ19章11）。私は唯一のパワーの中で休んでいる」

唯一のパワーしかないゆえに、何も戦うべきことがないと理解できるまで、あなたは常に人々、罪、病気、偽の渇望、孤独、貧しさと戦いながら、不満をいだいていることでしょう。あなたが戦って抵抗しているかぎり、次から次へとあなたの経験の中で状況が起ることでしょう。しかし、あなたが神を唯一のパワーとして理解するとき、何も神に反するものがないと確信するのです。

このことが証明される唯一の方法は、罪、病気、死、欠乏、制限といった見かけがあなたに触れるとき、それがあなた自身の経験であれ、あなたの友人や親族の経験であれ、内なる静寂さの中にすわり、神は無限であることを理解することです。「**『私』**以外にどんな神もいないし、どんなパワーもないし、あなたが恐れるものは何もない。『あなたはわたしの愛する子』（マルコ1章11）」という内なる確信が来るまで、静寂さと平和の中で待ってください。

これがスピリチュアルな知恵です。何も争うこともなければ、癒すことも改善することも、供給することも克服することもないのです。ただ、真理を知ってください。

唯一の神だけが存在します――西洋であれ、東洋であれ、唯一の神です。ギリシャ人の間で

あれ、ユダヤ人の間であれ、束縛の身であろうと、自由の身であろうと、唯一の神です。唯一の神だけが存在し、自分の中の「私」がその神です――無限で、遍在し、全能で、全知なる唯一のパワー。

私であるその「私」以外にどんなパワーもありません。私であるその「私」は、不死で永遠です。私が父と一つであるゆえに、私が、私であるその「私」と一つであるゆえに、神のすべての知性、すべての知恵、すべての生命、すべての霊性、すべてのパワー、すべての善、すべての恩寵が私の内部で実現するのです。

スピリチュアル・ヒーリングを為すためには、どんな形態の罪、病気も、完全なる自信をもって、見て直面することが必要です。「私はおまえを恐れもしなければ、戦うこともしない。もし神自身が唯一の法則、存在、パワー、原因、実体、現実であるなら、どうして死すべき人間が私にできることを恐れるべきだろうか？　どうして死すべき物事、人々、状況が私にできることを恐れるべきだろうか？　私は静かに佇《たたず》み、主の救済を見ることだろう」

私たちの献身は無限なる神――あまりに無限なので、神以外には、消し去ったり、破壊したりすべきものが何も存在していない――神へ捧げられるべきです。正しい活動を実践することでその原理を理解している人を制限し、妨害し、あるいは、阻止するパワーをもつものは、何も存在していないのです。なぜなら、その人の中にいる神は、すべてを知っている知性、聖なる愛、無限のパワー、この全宇宙の中の唯一の創造的影響力、ないし原理だからです。

この原理の中で、ヒーリングの秘密だけでなく、あなたの人生の調和の秘密も体現されます。今やあなたは光線に乗っているかのように、人生を躍動的に運ばれていきます。あなたに要求されることは、神が為すのです。つまり、あなたの存在の中心にいる神、あなたが眠っている間も働く、目に見えない無限なる存在が、あなたより先に行ってあなたのために場所を準備し、あなたがその途中で出会う人たちが、あなたの表現する愛を受け入れ、それに反応するようにしてくれるのです。

この原理を辛抱強く実践したあとで、あなたはそれがまさに本当だとわかるようになります。神は存在の無限性、存在の全体性であり、世界が戦っているすべてのことはまったくパワーではありません。その啓示の瞬間、あなたは世界を見て、光の前で暗闇が消えるように世界の見かけが消えるのを眺めるのです。こういった高揚した瞬間に、あなたはこの世界のすべてのライオンとトラを、あなたの意識の中へ招くことができます。なぜなら、そこにある光が見かけを解消して、彼らの本質を啓示することをあなたは知っているからです。

4章　スピリチュアル・ヒーリングの言語

少し前に、私は正統派の聖職者の方と話しました。彼はちょうど私の『神の存在を実践する』（Practicing the Presence. NewYork:Harper&Brothers,1958 ;London:L.N.Fowler&Co.,Ltd.,1958）という本を読み終えたばかりでした。彼はその本を非常に楽しみ、刺激的だと思いましたが、でもそこで使われている言語と用語が自分には初めてだ、と付け加えて言いました。確かに、神秘主義を教わったことがない読者にとっては、いくつかの用語が不可解であることは本当です。しかし、他のどんな分野の研究と同様に、神秘主義にもそれ自身の特殊化された用語があるというのは、覚えておくべきことです。

「無限の道」（訳注：著者が提唱しているスピリチュアルな教えの名称）として教えられているスピリチュアル・ヒーリングは、いくつかの言葉をめぐって築かれています。これらの言葉を考えることに進む前に、「無限の道」とは何かをまず説明させてください。それは人の所属している宗教にかかわらず、誰でも従い実践できる原理からなるスピリチュアルな教えです。「無限の道」が明らかにしていることは、神の本質は唯一のパワー、知性、愛であること、そして、個人的存在の本質は、無限の形態と多様性で表現されている神の特質と性質と一つである、ということです。そしてさらに、この世界の不和の本質は、神がご自身の世界でご自身を表現しているることに対する誤解であることも、明らかにしています。「無限の道」とは、マスター、イエス・キリストのメッセージにもとづいた普遍的原理であり、イエスは、意識的に神と交感することを通じて、人は神と一つであることに目覚めることができ、それによって、この地上に平和、調和、全体性をもたらすことができると教えました。

スピリチュアル・ヒーリングのこの新しい言語において、まず理解されるべきもっとも重要な言葉は、小さな言葉「**as＝として**」です。それを理解することが、すべての二元的感覚を取り除きます。神は個人的存在**として**顕現しているのです。もし神が個人的存在として顕現しているなら、神**と**人間がいるわけではありません。神**と**あなたがいるわけではないのです。それゆえ、神のところへ何かを求めて行く人もいるはずがないのです。

私が自分の時間をもっぱらヒーリング・ワークに捧げていた年月の間、患者が私のところへ来るとき、私は彼らを人間として見ないこと、また、彼らを治すことを神に期待しないことを学びました。私は自分のところへ来るあらゆる人を、個人的存在**として**現れている神だと見て、その真理が調和を啓示しました。その啓示は「無限の道」の確固とした礎でした。

たった一つの唯一の神があなたの存在**として**、無限のスピリチュアルな性質を顕現しているのです。「わたしと父は一つである」（ヨハネ10章30）――二つではないのです。その一つであることの中で、あなたは神であるすべてなのです。「as＝として」、個人的あなたと私**として**神が現れていることを理解するとき、あなたはなぜ神であるすべてがあなたであるのか、わかることでしょう。

「子よ、あなたはいつもわたしと一緒にいるし、またわたしのものは全部あなたのものだ」（ルカ15章31）。私はキリストとともに、すべての天国の豊かさの共同相続人です。「わたしは、自分からは何事もすることができない」（ヨハネ5章30）。しかし、私が父（神）と一つであるゆえに、私は父であるすべてなのです。私がどこにいようと、私の内部に父が存在しています。それゆえ、私がどこにいようと、私の内部にいる父が自分の仕事をしているのです。

神が個人的存在**として**現れている――神があなたとして現れていることが、「無限の道」の秘密です。それはスピリチュアル・ヒーリングの秘密です。この「あなた」は、映像でもなければ、分離した考えでもなければ、神**以下**の何かでもなく、神が自分自身を顕現したものです――神、父が、個人的存在として地上に現れているのです。一つであることがその秘密です。

この真理とともに生き、それを実践し、この世界のあらゆる男女、子ども、あらゆる動物、植物、鉱物を眺め、「これはそう見えるものではない。これは神がそれら**として**現れているのだ」と理解することによってその真理を消化したあとで、あなたはヒーリング意識を育てるのです。それは人々を眺めて、彼らの人間性によってけっして判断せず、すぐに彼らのスピリチュアルな意識と接触することです。あなたは、そこに神のキリストがすわっていることを理解しながら、人々をその見えるままではなく、彼らの目、つまり、彼らの目の裏側を見通すように自分自身を訓練するのです。あなたが訓練するにつれて、見かけを無視することを学び、誰かを癒したり、改革したり、改善したりしようとする代わりに、その人のキリスト・アイデンティティを本当に証言するようになります。

二番目に、「as＝として」と同様に重要な言葉は、「**is＝在《あ》る**」です。もし神が個人的存在として顕現していることが真実なら、そのときには調和がすでにあらゆる人の真実で**在る**のです。ですから、祈りと治療の中で重要な言葉は、「is＝在る」です。あなたはけっして誰のことも癒そうとはしません。あなたはけっして誰のことも改善したり、豊かにしようとしたりしないのです。なぜなら、あなたはすでに「**在る**」という理解の中に生きているからです。神があなたの存在であるので、調和が**在り**ます。父がもっているすべてがあなたのものなので、あなたは今、神の充足と完全さの中にいます。神があなたの存在の活動なので、調和があなたの存在の法則です。過去にも未来にもけっして居住しないことで、あなたは「**在る**」という意識の中に住んでいます。

たとえあなたが病人、酔っぱらっている人、あるいは、死にかけている人を見るとしても、見かけを無視し、「**在る**」を宣言します。「**として**」ゆえに、「**在る**」はなければならないのです。あなたにそのことがわかりますか？　もし神があなたとして現れているなら、そのときには調和があなたに関する真実で**在る**のです。

祈りの言葉の中でもっともパワフルな言葉は、動詞「is＝在る」です。調和が**在る**。神が**在**

る。喜びが**在る**。平和が**在る**。豊かさが**在る**。遍在が**在る**。遍在の存在の中で、癒されるべき、変えられるべき、改革されるべき、克服されるべき、ないし破壊されるべきものが何かあるでしょうか？　あなたはあらゆる見かけを眺めますが、自分自身がそれらの何によっても、乱されることをゆるさないのです。あなたの目は、誰かの病気、貧困、罪深さを証言するかもしれませんが、神霊はあなたに言います。「いいえ、これは神が顕現しているのです。これはまさに神の化身です。それゆえ、あなたの目が何を見、私の耳が何を聞こうとも、調和が真実です」

スピリチュアル・ヒーリングは成長した意識を要求します。それは見かけを見通し、内なるヴィジョンを見ることができる意識であり、そのおかげで、感覚が、泥棒とか死にゆく人を証言しているときでさえ、あなたはこの真実を確信します。「これはわたしの愛する子、わたしの心にかなう者である」（マタイ3章17、ルカ3章22）という内なる確信がある人以外、誰も成功したスピリチュアルなヒーラーになることはできません。外側の感覚が何を証言しても、それは重要ではありません。内側の何かが歌を唄わねばならないのです。それが唄う歌とは、次のようなもののはずです。「これはわたしの愛する子、わたしの心にかなう者である……あなたの中の『私』は強大である」

言葉はその役には立ちません。それは内なる確信でなければならないのです。そして、それは実践を通じて、目覚めを通じて、そして、最終的にはあなたの内なる本当の自己の中で、あなたにやって来る神の恩寵を通じてのみ、達成されることができます。非常に重病の人のそばにいて、「これはわたしの愛する子、わたしの心にかなう者である。あなたの中の『私』は強大である」、「わたしはあなたを見放すことも、見捨てることもしない」（ヨシュア記1章5）ゆえに、何の恐れもなくすわっていることができるとき、そのときあなたはスピリチュアルなヒーラーです。それには成長が必要で、それは実践によってもたらされます。そしてついに、この声があなたの内側から、あなたに話しかけてくる日がやって来ます。そうでなければ、この意識は神の恩寵を通じて、贈りものとして受け取られます。

しかしながら、スピリチュアル・ヒーリングに関連するいくつかの他の面が明らかにされるまで、この確信に到達するのは困難です。これらのもっとも重要な要素の一つが、マインドの機能です。

形而上学ヒーリングの初期の時代、肉体はマインドに従属していると教えられました。これは非常に新奇で、非常に新しく挑戦的な考え方だったので、現代人は自分の肉体をコントロールするために、自分のマインドを使うことを実践し始めました。少しの間、それはうまくいくことに人は気づき、ときには初心者にとっては今でもうまくいくときもあります。しかしながら、この技術の誤りは、思考の背後には考える者が存在して、その考える者は人ではないという事実を考慮しないということです。その考える者とは人間の魂である神です。

マインドは気づきの道具です。あなたはマインドで真理を知ることができますが、マインドで物事を創造しているわけではないのです。発明家でさえマインドで創造してはいません。その人は常に存在している自然の法則に気づき、それらをどうやってまとめ、利用するのかを学ぶのです。気づきの道具としてマインドを正しく使えば、それをパワフルな道具とするだけでなく、それが使われれば使われるほど、その能力が増し、たえず新しい可能性が開かれるそういった道具になるのです。

いったん、マインドが道具であると理解されれば、またそれが何の道具なのかも理解される必要があります。なぜなら、道具であるためには、その道具を管理し、コントロールする何かがなければならないからです。不幸なことに、ほとんどの人たちが、マインドを効果的にコントロールすることができる内なる中心をけっして発見しませんでした。メンタル科学（マインドに関する科学）で、自分の思考を変えることや意志の力によって、マインドをコントロールしようとする生徒たちは、始めたときよりも状況がひどくなり、精神的にボロボロな状況になることがよくあり、マインドは人間によってコントロールされることができないことに、たいてい気づきます。

マインドはそれ自身よりも高い何かのための道具なのです。その何かとはあなたの本当の自己、あなたの本当のアイデンティティです。そして、それがマインドを管理し、コントロールするとき、あなたは自分が平和であることに気づくことでしょう——完全な平和、人知を超えた平和です。

もしあなたが、トーマス・エジソンの写真を思い出すことができれば、マインドの適切な使い方の正しいイメージとよい模範を得ることでしょう。ほとんどいつもエジソンは、集中して聴くという態度で、自分の手を耳のところまで上げている写真が撮られています。実験室で彼と一緒に働いていた人たちは、彼が実行すべき実験の指示を出したあと、彼らはそれらをできるかぎり実行し、それから彼に助力をあおぐという話を次から次へと語っています。すぐにエジソンの手は自分の耳まで上がり、彼は聴き、それから次の段階についての指示を出したのです。

ここで、マインドを創造的能力として使う試みと、それを気づきの道具として使うことの違いを指摘させてください。もし私がマインドのレベルや思考レベルで活動しているなら、私は目を閉じ、次のように何度も何度も繰り返し肯定します。「あなたの体は調子がいいです。あなたの体は普通に機能しています。あなたの体は私が知っているこの真理に反応します」。そしてたぶん、そういった実践から引き出される何らかのヒーリングや恩恵があることでしょう。確かに、形而上学の初期の時代は、素晴らしいヒーリングがありました。しかしながら、実際は、人のマインドが自分の肉体や他の人の肉体をコントロールできるというのは、けっして完全なる真実ではありませんでした。それは「そこへ到着する途中」の場所の一つであり、それは肉体を信じるよりはより高いレベルにある休憩地点ですが、その中に、そして、それ自身では生命の流出を含んでいないのです。

スピリチュアル・ヒーリングとスピリチュアルな人生では、神はすべての存在への法則と生命、魂として理解され、マインドは道具であり、肉体は神が外部に顕現したものです。その立場の観点から見ると、ヒーリングのプロセスはまったく異なります。もしその土台から活動するなら、誰かがあなたの助けを求めるとき、あなたは目を閉じ、**どんな思考も考えないのです**。あなたはその人が何を食べるとか何を飲むとか、その人の健康がどうなるかとは考えないのです。あなたは、自分のマインドは受容性の通り道であることを知って、ただそこにすわります。

何に対する受容性でしょうか？　それは小さい静かな声への受容性であり、神と呼ばれるものへの受容性であり、人間の魂への受容性です。あなたはどんな宣言もせず、ただ傾聴するという態度を維持します。すると、静かな小さい声がそれ自身を表現し、「地は溶ける」（詩篇46篇6）のです。

あなたがほとんど真空――傾聴する真空――になったその沈黙の中で、常に注意を払い、けっして眠らず、けっして疲れず、けっしてだれず、常に目覚めて、鋭敏で、キリストの訪問を待ち受け、その沈黙から、神であるその無限から、魂の深淵から、声か感覚か、疼きか、解放か、あるいは、確信か――自分の好きな名前で呼んでください――がやって来て、間違いが解消され、消えるのです。

その問題が肉体的なものであれ、精神的なものであれ、道徳なものであれ、財政的なものであれ、あるいは、人間関係のものであれ、何の違いもないことでしょう。なぜなら、そのワークを引き受けるのは、あなたの知恵ではないからです。この地上で自分が長年の人生から学んだものに、あなたは頼っているわけではないのです。最初にあなたを創造し、そして、あらゆる人の運命を知っている**それ**を受容するように、あなたは自分自身を完全に保っているのです。

その声がそれ自身を発言することをゆるすとき、あなたは自分が所属するところへ戻り、そこは天のあなたの父の支配化、統治化にあります。あなたの父はあなたよりも前にあなたが必要とするものを知り、彼の喜びはあなたに王国を与えることです。

マインドを気づきの道具にしましょう。そして、見たところ、解決不可能な問題に頭を打ち付け、次のステップはどうするべきか、自分が明日何をやったらいいか心配する代わりに、マインドを気づきの道具として使いながら、マインドで聴く習慣を身につけましょう。神があなたのマインドを満たすようにしましょう。神霊がマインドと肉体の両方を動機づけ、それらに浸透することへの証人になってください。**その証人**になってください。マインドと肉体を神の道具としてください。

マインドを通じて、神の真理に気づいてください。そうすれば、あなたのマインドでもあなたの思考でもなく、その真理がワークを為すことでしょう。誰かを解放するのはあなたのマインドの活動ではありません。人を解放するのはあなたのマインドの中の**真理の活動**です。

あなたは観察したことがあるかもしれませんが、水泳では、人が自分の体を頑張って使えば使うほど、早く疲労します。その一方、水の中で完全にくつろぎ、水面で休み、水面で自分の体を維持する目的というよりも、水の中を滑るという目的で自分の手足を使えば、非常に長く浮いたままでいることができます。水は体を支え、腕と脚は単に水の中で体を推進させ、そして、泳者がくつろげばくつろぐほど、その人の肉体はより長く浮いたままでいることでしょう。

ヒーリング・ワークも、それが水の上に浮いていることや呼吸することと同じくらい自然になるとき、美しいワークとなります。さもなければ、ヒーリング・ワークは一日の労働よりも、さらにもっと大変なものになりえます。スピリチュアルな知恵にしっかりと留まっているスピリチュアルなヒーラーは、神の中でくつろぎ、神霊が流れるようにします。その人は真理が流れるようにし、そのとき、真理がその人やその人の患者を解放します。真理がそれをやるのであって、その人はけっしてそれをやることはできないのです。

神霊の中でくつろぐ、それは謙虚さの本当の意味です。「『わたしは、自分からは何事もすることができない』（ヨハネ5章30）——たとえ私が試みても。ただくつろぎ、真理がその仕事をするにまかせよう」。あなたが泳いでいるとき、水にあなたの体を運ばせてください。そして、あなたが治療を与えているとき、神霊、真理がその治療を実行するにまかせてください。あなたのマインドで真理を操作しようとしないでください。真理は無限ですが、マインドは有限です。ですから、無限の真理を操作して、有限のマインドのパターンにあてはめないでください。

マインドはあなたが使うために与えられた道具で、それはあなたの肉体とまったく同じです。私たちは肉体の存在を否定したり、それを窓から投げ落とす人たちではありませんし、またマインドを空白にしたり、閉じたりする人たちでもありません。肉体は、あなたが現在の生活領域を動きまわれるように与えられたものです。肉体はその器官と機能をもって、一つの統一された全体として、あなたが使うための道具なのです。それは神が自分の栄光を現すための道具なのです。正しく言えば、肉体を正しく使うことは、神にその肉体を使わせ、神にその肉体を管理させ、コントロールさせることです。そうすれば、くつろいだ状態へ導かれ、その中では責任は神の肩の上にあります。考えることによって、消化、吸収、排泄を助けることはできません。マインドはそういった目的のために、あなたに与えられたのではありません。マインドはそれを通じて、あなたが真理に気づくための道具であり、その真理があなたの肉体のあらゆる器官と機能を管理しているのです。真理があなたの筋肉を強化します。あなたが知る必要のあるあらゆることを知る能力は、真理があなたに与えるのです。

スピリチュアルな意識の中で消化されたスピリチュアルな真理のあらゆる言葉は、あなたのマインドと肉体の一部になります。あなたがあなたの肉体をコントロールするのではありません。あなたがあなたのマインドをコントロールするのではありません。しかし、あなたの意識の中の真理の活動、それはもちろん、あなたのマインドを使う活動ですが、それがあなたのマインドを明晰に、活発に、清浄に、調和的に、そして生き生きとさせ続けるのです。そして今度は、あなたのマインドが肉体を維持し、コントロールし、管理するのです。あなたの中の真理の活動が、マインドと肉体を浄化する触媒の役目を果たします。

あなたの中には**スピリチュアルな中心**があり、その**中心**には、あなたのスピリチュアルな遺産全部が保存されています――不死、永遠性、生命、愛、故郷、そして、無限の豊かさ。この**中心**はあなたの肉体の内部にはありません。ですから、中心を肉体の中に探しても無駄です。それはあなたの意識であり、その意識はあなたの肉体の中にはありません。あなたの肉体が、無限であるあなたの意識の中にあるのです。だから、あなたが学び実践したあと、目を閉じて、平和になり、その肉体の中に、その肉体の外に、あるいは、あなたがいたいところどこでも、自分自身を見出すことができます。今日から世界の終わりまで、そして、それを超えて無限まで、あなたの発展に必要なすべてを、あなたは自分自身の意識の無限性から引き出すことができるようになるでしょう。

形而上学にいる多くの人々が、肉体の病気をスピリチュアルな手段でヒーリングすることは難しいと感じています。なぜなら、彼らは肉体の本質を理解していないからです。この誤解は、「物質」という言葉の間違った観念から来ています。事実、形而上学の最初の教えの時代から、その信奉者たちはこの用語によって混乱してきました。

きわめて安直な態度で、「物質」という用語を使う大多数の者たちはたいてい、その本当の意味をまったく理解していません。彼らは物質とは非現実であり、それは幻想であると教えられてきました。つまり彼らは、物質には何の生命もないと教わってきたのです。だから、物質が肉体を構成しているので、彼らは肉体を克服しようとしたり、あるいは、取り除こうとしたりして、肉体の現実と存在を否定してきました。

もし物質が破壊されることができないなら、どうしてそれは非現実でありえるでしょうか？　科学が明らかにしたことによれば、物質は破壊されえない実体です。物質は形を変えることができますが、それは破壊されることができません。それは分子へ、それから原子へと分割されることができ、それが原子へと消滅してしまうとき何が残されるのでしょうか？　エネルギーです。物質は、それをその本質にまで分割しても、破壊されないのです。ただ物質が形を変えただけです。物質を破壊することはけっしてできないのです。なぜなら、物質は破壊不可能だからです。実際、物質の実体はマインドです。物質は**マインドが現れているもの**であり、マインドが物質として、目に見えるようになったものです。

たとえば、水は蒸気へ、氷へと変わることができますが、しかし、変化のプロセスで、それは破壊されませんでした。事実、それは一つの形態と別の形態でまったく同じ重さです。ガラスのタンブラーは粉々の破片に変わることができ、人間の視覚からは消滅してしまうことが可能です。しかし、その構成部分は破壊されることができません。実験室では、技術者たちはそれが存在していて、その存在は重さをもっていることを証明することができます。

「もし物質が破壊されえないものであるなら、物質は幻想であるというこの信仰が、どうしてやって来たのだろうか？」と、あなたは尋ねるかもしれません。

私たちが見たり、聞いたり、味わったり、触れたり、嗅いだりするものの幻想的性質について啓示した最初の記録は、仏陀に起因します。彼の啓示にもとづいて、彼と彼の弟子たちは実際に奇跡ヒーリングのワークをおこなったのです。しかしながら、彼の後世の弟子たちが、

「マーヤー」とか「幻想」という言葉を誤解し、彼らは幻想を、自分たちの存在の外部にある何かとして解釈しました。十九世紀、形而上学が最初に世界に与えられたとき、私たちの感覚は間違って証言していると教えられました。不幸なことに、それに踏み留まる代わりに、形而上学徒たちは、肉体も含めて外部の世界に存在するあらゆるものは幻想である、と教え始めたのです。**しかし、この世界は幻想ではありません。**私たちがこの世界に対してもっている**観念が幻想**なのです。

スピリチュアル・ヒーリングは、罪、病気、そして、死はどんな外面的現実ももってないという前提にもとづいています。それらは錯覚的信念や観念としてのみ存在しています。しかし、物質が非現実なのではありません。肉体が非現実なのではありません。この世界が非現実なのではありません。この世界は美しく、不死で、永遠です。この世界はけっして消滅することはないでしょうが、ちょうど肉体に対する私たちの観念が変わるように、それに対する私たちの観念が変わるのです。あらゆる大人は、自分が赤ん坊の肉体という観念より成長して、子どもの体を身につけたことを認めるはずです。人はまたそれよりも成長し、若者の肉体を身に着けます。それからのちに人が成熟した姿へ成長したとき、若者の肉体も脱ぎ捨てました。さらに、スピリチュアルな道を進むにつれて、人は肉体のよりスピリチュアルな**感覚**を享受するようになりますが、でも今以上にスピリチュアルな肉体をもつことはけっしてないでしょう。

たぶん、形而上学と神秘主義が揶揄《やゆ》される一番の理由は、「現実的」、「非現実的」、「現実」、「非現実」という言葉の使い方のせいです。形而上学徒たちがしばしばバカにされるのは、彼らの中の一部の人たちが、「それは非現実的です」とか、「それは本当ではありません」などという表現を使うからです。二台の車が正面衝突して、破片があちこちに飛び散り、車に乗っていた人たちが風景の中に転がっているときに、形而上学徒がやって来て、言うわけです。「ああ、これは非現実です。これは本当ではありません。それはけっして起こりませんでした」。そういった発言をバカにする世界を、あなたは責めることができるでしょうか？「真実ではない」とか、「非現実的」という言葉の形而上学的意味を、世界は理解していませんし、残念なことには、これらの言葉を使っている形而上学徒も、またそれらの意味を知らないことが非常によくあります。

「無限の道」のワークにおいては、「現実的」ないし「現実」という言葉は、スピリチュアルで永遠で不死で無限であるものだけに関係しています。神に関するものだけが、**現実的**と理解され、**現実**として認識されています。現実に対するこの定義を心に留めておけば、私たちが現実を見たり、聞いたり、味わったり、触れたり、嗅いだりすることができないという発言を、理解することが簡単になるでしょう。

「非現実的」と「非現実」という言葉は、**私たちの感覚にとっては調和的に見えても非調和的に見えても、**永遠でないものに関係しています。

形而上学徒たちがたいてい間違いを犯すのはこの点なのです。一般的に言って、健康的な人や善人、道徳的な人、普通で健康的で調和的な状況と呼ぶものをその人が見たりするとき、そういった人や状況を現実的と考えがちです。しかし、病人や罪人を見るとき、その人はそれを「非現実」と呼ぶわけです。これらの言葉の哲学的観点に照らせば、そういった解釈は無効です。現実は、スピリチュアルなもの、神霊、魂、神に関するものにのみ所属していて、それゆえ、スピリチュアル的に理解されなければなりません。現実を眺めるためには、魂の能力が必要です。現実は、内なる気づきを通じて認識できるもののみに所属しています。言い換えるなら、魂の能力によって見られたり、聞かれたりしなければならないものがある、ということです。

イエスはこのことを次のように言及しました。「目があっても見えないのか。耳があっても聞こえないのか」（マルコ8章18）。言い換えるなら、魂－能力によって見られたり、聞かれたりしなければならないものがあるということです。

私たちが罪、病気を非現実的と語るとき、私たちが言わんとしていることは、それが存在していないということではありません。私たちは自分自身を騙して、想像力を使って、それらは非現実的であるとか、真実ではないと言ったりしないのです。もし、「物質は**現実的で**、物資的肉体がすべてである」ということが、子どもの頃から自分に染みこんでいるなら、その人にとっては病気は存在しているのです。罪、病気、死が非現実的と呼ばれるとき、それはこういった物事のいわゆる存在を否定することではありません。それは、神や現実の一部として、それらが存在していることを否定することなのです。あなたはこの二つの発言の違いがわかりますか？

現実の領域、神の王国では、感覚の不調和は存在しません。しかしながら、だからといって、私たちがそれに苦しむという事実が変わるわけではないのです。その非現実性が私たちの苦痛を減らしたり、私たちの不足や制限を取り除いたりするわけではないのです。なぜなら、物事に対する私たちの感覚にとっては、私たちはそれらで苦しんでいるからです。

知恵の始まりは、これらの状況は存在する必要がないという理解です。それらからの自由とは、神に慰めを求めることから来るのではなく、**神を求め**、神だけが存在する生命の次元へと上昇することを通じて、やって来るのです。不調和**からの**自由も、欲望**からの**自由も、貧困**からの**自由もないのです。**唯一の自由**があり、それは神の中での自由、神霊の中での自由です。

自分自身を神霊で満たすことで、あなたは自分のすべての必要に関して、スピリチュアルな法則が作動することを発見するでしょう。こうやって肉体のヒーリングさえ起こるのです。それは、神が病気の肉体という観点で考えたからでも、健康な肉体という観点でさえ考えたからでもなく、あなたが肉体という観念から神霊の目覚めの中へ上昇するにつれて、あなたの意識が変革され、あなたに理解できる言語と形態で調和が現れたからです。

あなたが、自分が話していることは、**スピリチュアルな王国の中では**非現実であり、真実ではなく、けっして起こらなかったということを理解しないかぎり、絶対にけっして、「ああ、それは非現実的です」とか、「それは本当ではありません」とか、「それはけっして起こりませんでした」などという言葉を使わないでください。そのことをマインドで区別できるなら、すべての罪、病気、欠乏、制限は非現実的で、それらは現実の一部ではないというスピリチュアル・ヒーリングの働きの前提を、あなたは受け入れることができます。

マスターが、ピラト（ローマ帝国のユダヤ属州総督）の「わたしには、あなたを許す権威があり、また十字架につける権威があることを、知らないのか」（ヨハネ19章10）という脅しに対して、「あなたは、上から賜わるのでなければ、わたしに対してなんの権威もない」（ヨハネ19章11）と答えたとき、パワー、悪のパワーの非現実性を見ました。イエスはピラトがもっているすべての一時的なパワーを認識しましたが、現実に対する彼自身の意識の中では、一時的なパワーは行使されることができず、また活動することもできないことを知っていました。彼が逮捕されたときも、抵抗する代わりに、ペテロ（キリスト十二使徒の一人）が耳を切り落とした兵士を癒し、のちに十字架の上で、「父よ、彼らをおゆるしください。彼らは何をしているのか、わからずにいるのです」（ルカ23章34）と言いました。彼はこういった人間的行為をまっすぐ見通し、それが非現実であること、つまり、それは永遠に続く不死の一部ではないと見たのです。彼が墓からよみがえることができたのは、このスピリチュアルな識別力のおかげでした。啓示を受けた彼のスピリチュアルな意識にとっては、礫に何のパワーもなかったのです。

その同じ啓示を受けたスピリチュアルな意識――このキリスト意識が今ここにあり、この意識のおかげで、今日のスピリチュアルなヒーラーが病人や罪人を癒すことができるのです。それはすべての形態の悪は非現実であるという確信です。なぜなら、それらがスピリチュアルな真理に直面するとき、自分自身を永続させるパワーも、維持したり支えたりするパワーももっていないからです。スピリチュアルな王国は無傷であり、罪、病気、死、欠乏、あるいは、制限という形で何があなたのところへやって来ても、それは現実、神の王国の一部ではなく、それゆえ、どんな証人ももたず、立っていることもできず、それ自身を支えるどんな実体も法則ももっていないことを理解して、神を称えてください。

あなたがスピリチュアル・ヒーリングの土台となる前提を、少なくとも一瞥したと仮定しましょう。つまり神は、「**として（as）**」現れ、罪、病気、死は、それらが神の一部でなく、スピリチュアルな気づきにまで引き上げられた意識の中では何の存在ももっていないゆえに、非現実であるという前提です。では続いて、ヒーリングの領域でしばしば使われるいくつかの他の用語についても、考えてみましょう。

一般的に、病気は「病気」としてではなく、「**claim＝主張**」として語られます。たとえば、肺病、癌、麻痺は、「主張」、「信念」、あるいは、「見かけ」として言及されます。これを読んであなたはこう尋ねるかもしれません。「名前を変えることは何か役立つのですか？」はい、役立つのです。なぜなら、ヒーリング・ワークとは意識の活動で、あなたにとって、ヒーリングの領域の微妙な面が明らかにならないかぎり、あなたの意識の中でヒーリングをもたらす真理の活動はないからです。

これを次のように例示させてください。もしあなたが砂漠を旅していて、よくあることですが、自分の道路の先が水で覆われているのを見たとしましょう。もしこれが砂漠でのあなたの最初の経験なら、あなたはすぐに車を止めることでしょう。なぜなら、明らかに水の海を車で通り抜けできないからです。あなたの最初の思考はおそらく次のようなものでしょう。「私はどうしたらいいだろうか？　どうやってこの水を通り抜けることができるだろうか？　どうやって道路から水を取り除くことができるだろうか？」

あなたはあたりを見まわしますが、助けを見付けることができません。それから、再び道路を眺め、もし充分に長く、充分に集中して眺めたら、そこに水がないという事実にあなたは目覚めるのです。あなたが見ていたものは、蜃気楼《しんきろう》、幻想だったのです。あなたは微笑み、それから車を出発させ、前進します。あなたが道路に水を見ているかぎり、その水が取り除かれるのを待ちながら、無力にすわっていることでしょう。しかし、それが蜃気楼、幻想である、とあなたが理解した瞬間、水は消え、自由に前進できたのです。

スピリチュアル・ヒーリングのワークにおいても、それはまったく同じプロセスです。あなたが癌、肺病、腫瘍、麻痺、風邪、インフルエンザを扱うかぎり、行き詰まります。あなたはそれについて何をすることができるでしょうか？　あなたはどうやってそれを取り除くことができるでしょうか？　あなたはそれを取り除くどんなパワーをもっているのでしょうか？　それとも、それを取り除くことができる神がいるのでしょうか？　物事や状況を変えるために、あまりに多くの祈りが神に向かって送られてきましたが、それはうまくいかないことを私たちは知っています。

ではあなたはそれについて、何を**することができる**のでしょうか？　あなたの意識の中でそれが病気として留まるかぎり、あなたはそれについて何もすることはできません。しかしながら、啓示を受けた意識を通じて、それは病気としては存在していない、それはただ蜃気楼や幻想としてのみ存在していると見るとき、そのときあなたはヒーリングの最初の一歩を踏み出したのです。実際、病気の名前や性質にかかわらず、病気と罪があなたの意識の中で非現実的になるとき、ヒーリングは難しくありません。奇妙なことに、ある人の意識の中で一つの種類の病気が非現実的になっても、その人は他の形態の病気の非現実性を見ることがまだ困難かもしれないのです。

スピリチュアル・ヒーリングの私の初期の経験の一つがこの点を例証しています。その当時、私はある結核のケースで助けを頼まれました。その若い女性の患者は「死の病棟」ですでに世話され、そこは数日以内に亡くなる見込みの人たちのために用意された場所で、彼らはよい世話を与えられていましたが、他の患者たちからは隔離されていました。

最初から、警戒と注意を継続することが要求されました。状態が非常によくなった、と医者が報告するまでに、それは十三週間にわたって、一日に何時間にもなる継続的ワークが必要でした。そして、彼女が完全に回復してその療養所を出るまでに、十三ヶ月かかりました。そして今日まで、彼女は毎年イースター、クリスマス、感謝祭に私に手紙を書いてきて、「自分は眠るとき以外、ベッドに行ったことがない」といつも同じ話を語ります。彼女はあのときから今日まで病気をしたことがないのです。

私が長い期間彼女に対しておこなったワークは、私にとって忘れられないほど印象深いもので、それから続く長年の間、私のところへもちこまれたあらゆる結核のケースは、一つを除いてすべて治ったのです。私が自分のこの経験を通じて引き出している要点とは、ヒーリングとは何らかの神の介入を通じて起こるのではなく、罪、病気、死が何の現実ももたない意識状態に到達することを通じて起こる、ということです。その状態では、意識はもはや不調和の形態と戦ったり、それらを取り除こうとしたりしないのです。私たちは砂漠の水に対して、「それは水ではなく、幻想ないし蜃気楼である」と発見しましたが、罪、病気、死に対する私たちの態度もそれと同じです。

病気があなたにとって現実であるかぎり、あるいは、熱が出るはずだとか熱を下げなければならないとか、腫瘍が少なくならなければならない、とあなたが信じているかぎり、また病気がある種の肉体的パターンに従わなければならない、とあなたが信じているかぎり、仮にある程度は神霊がその場面にもたらされたことがあったとしても、あなたはスピリチュアル・ヒーリングの中にはいないのです。

完全なるスピリチュアル・ヒーリングは、現在の状況が現実なのだと認めないことです。それはあなたの意識やプラクティショナーの意識の状態であり、その中では神はあまりに現実で、神のワーク——神の言葉、神の宇宙、そして、神の人間——があまりに現実であるので、どんな種類の病気であれ、そういったものが神の宇宙に存在することができる、と信じることは根拠がないのです。

成功するヒーリングの職務は、第一に、神の現実と、人間、肉体、宇宙として現れている神の創造の現実にもとづいています。それから二番目に、病人や罪人、病気、ないし望ましくない習慣として、私たちに現れているものの非現実的性質に対する理解にもとづいています。スピリチュアルな意味において、「現実的」と「非現実的」という用語の正しい意味を理解しましょう。言い換えるなら、あなたが物理的感覚を通じて何を見ても、それは砂漠の水にたとえられる蜃気楼にすぎないということを理解してください。あなたがこれをすることができれば、即座に病気を健康に翻訳できます。事実、あなたがスピリチュアル的に識別できるとき、自分のまわりのあらゆるものの中に——花、雲、星々、夕日、日の出の中に——人間マインドが理解することができない偉大な何かを見ることでしょう。スピリチュアルなヴィジョンで見るとき、神が自分のイメージと似姿で創造した人間を見ます。そして、ヒーリングをもたらすのは、現実を識別するこの能力なのです。

5章　何があなたを妨害したのか？

子どもの頃、皆さんは歩道にチョークで小さい四角を描くゲームをして、遊んだことがあると思います。誰かがあなたを四角の一つの内部まで追いかけると、あなたは罰金を払うまでそこから出ることができません。しかし、誰が、あなたは出ることができないと言ったのでしょうか？　あなたを閉じ込めておくのは、そこにあるチョークの印だけですが、ゲームのルールが、あなたはそこに留まらなければならないと言うので、あなたはそうするのです。

ゲームであるかぎり、それは楽しいものです。しかし、あなたがその四角に入っている間、他の子どもたちはあなたを解放しないままみな家へ帰り、あなたは自分がその四角から出ることができないと感じるとしたら、悲劇的なことではないでしょうか？　それにもかかわらず、あなたがしなければならなかったことは、ただその線を越えればいいだけのことでした。

マスター、イエス・キリストは、人々が多重の「チョークの印」によって閉じ込められているのを見ましたが、彼はただ彼らを眺め、そして言いました。「なおりたいのか……起きて、あなたの床を取りあげ、そして歩きなさい」（ヨハネ5章6－8）。すると、彼らは起き上り、歩いたのです。彼らは自分を妨害するものが、何もないことを発見したのです。彼らはただ人間生活のルールに従っていただけなのです。そのルールが、ある状況やある年齢では、人に麻痺が起こるかもしれないと言い、彼らはこれを受け入れたのです。イエスはそこにチョークの印を見て、彼らを妨害するものは何もないという確信があったので、彼らは立ち上がり、歩いたのです。彼はラザロには次のように言いました。「ラザロよ、出てきなさい」（ヨハネ11章43）。すると、ラザロは生き返りました。何が彼を妨害していたのでしょうか？　人間生活のゲームのルールです！　ですから、誰かがやって来て、そのスピリチュアルな識別力によって、罪、病気、欠乏の法則はチョークの印であることを見抜き、「何があなたを妨害したのか？」と尋ねるまで、人々は苦しみ続けるわけです。

マスターは私たちに、真理を受け入れるためには、「幼な子のようにならなければならない」（マタイ18章3）と教えました。ヒーリングが遅れる理由は非常にしばしば、誰か他の人が死の宣告を受け入れた、あるいは、病気がよくなるためにはある期間が必要だと受け入れたときに、スピリチュアルなヒーラーたちがその白いチョークが見えるほど、子どものようになることができないからです。

それが治療不可能な病気のときに、人々は一つのチョークの印の代わりに三つのチョークの印を見て、彼らはさらにいっそう自分たちの監獄に閉じ込められます。治療不可能な病気！それ以上にひどいものがありえるでしょうか！　実際の話、スピリチュアル・ヒーリングは治療可能な病気よりも、治療不可能な病気を扱うときのほうが、はるかに成功することが多いのです。なぜなら、医者が「私はできるだけのことをやりました」と言うとき、患者は物質医学による治療の希望をあきらめ、絶望して、スピリチュアルな衝動を受容し、それに反応するからです。

時間、診断、兆候、あるいは、見かけと呼ばれている白いチョークの印だけが、「あなたは病気や罪の囚人である」と、あなたに信じさせるのです。解放のために唯一要求されることは、その線を超えることです。どうしてできないのでしょうか？　何があなたを妨害しているのでしょうか？　信念でしょうか？　理論でしょうか？　それは信念ないし理論にすぎないと、あなたが認識するとき、すべての白いチョークの線はあなたの人生から消え始めるのです。なぜなら、それは障害としてそこにあるわけではないからです。それらは見かけとしてのみそこにあるのです。

ペテロが刑務所にいたとき、すべての鉄の棒と鍵は現実で、見たところ破壊不可能に見えました。しかし、主の天使が現れ、奇跡が起こり、そのとき彼は刑務所の外にいたのです。しかし、鉄の棒は依然そこにありましたし、鍵もまだそこにあったのです。

ヒゼキヤ（旧約聖書に出てくるユダヤの王）は戦いの最中に、優勢な敵に自分たちが直面しているとき、自分の国民に言いました。「彼と共におる者は肉の腕である。しかしわれわれと共におる者はわれわれの神、主であって、われわれを助け、われわれに代って戦われる」（歴代志下32章8）。

あなたが問題に直面しているとき、それが肉体的、精神的、道徳的、財政的どんな問題であれ、覚えておくべきことは、「これは肉（体）の腕にすぎず、それがパワーだと私に確信させようとしているだけだ。しかし、それにはパワーはない。それは肉の腕にすぎない」ということです。

すべての間違い――罪、病気、感染、伝染、死、欠乏、制限、天気、天候――をひとまとめにし、それらを全部まとめて、戦うに値しない「肉の腕」として処分してください。そのときあなたはヒーリングを始めるのであって、それ以前にはヒーリングは始まらないのです。神がすべての中のすべてになり、あらゆる問題が「肉の腕」、白いチョークの線――何の妨害でもなく、無に等しいもの――として退けられるとき、自分を神の王国の近くへ連れて行くのです。なぜなら、あなたは、無限、遍在、全能、無限の知恵、聖なる愛として神の性質を理解するようになったからです。

こういった真実を知的に知ることとは、鼓舞させられることとです。それを思考の中で楽しむことは、素晴らしい経験です。しかしある日、あなたの目の前に何かが現れて言います。「私は乞食です。私は障害者です。私は風邪です。私は癌です。私は肺病です。私は失業です。私は欠乏と制限です！」そして、あなたは全身震え始めるのです。そのときあなたは、自分が神の言葉を声に出してはいたけれど、まだその現実に面と向かったことがないことに気づきます。今あなたはそれを実践し始め、いわゆるこの敵に直面しなければならないのです。

それに直面してください。それをまっすぐ見てください。そしてそれを白いチョーク、「肉の腕」へ翻訳できないかどうか見てください。そしてそれによって、「私の中にいる**『私』**［原書注1］、神は、すべての中のすべてである。そこにいるおまえ――おまえはただ白いチョーク、『肉の腕』にすぎない」という絶対的確信に到達するのです。

少しの間、自分が不愉快な悪夢を経験していると想像してください。あなたは海にいて、泳いでいます。あなたは遠くへ行きすぎました。あなたは岸のほうへ振り返り、自分が救われる見込みがほとんどないことを見ます。あなたが声を張り上げて叫んでも、誰にもあなたの声は聞こえません。そのときあなたは恐怖に襲われます。あなたはもがいて、岸へたどり着こうと奮闘しますが、もちろん、あなたが戦えば戦うほど、海はあなたと戦います。あなたがするべきたった一つのことが残されています。それは溺れることです。そうです。溺れるのです――しかし、待ってください。その奮闘の最中に、誰かがあなたの叫び声を聞き、やって来て、あなたを揺すって、あなたを起こしました。そして、奇跡を見てください。溺れる自己が消えました。海は消えました。奮闘は消えました。あなたは目覚めて、自分が快適な家を一度も離れたことがないことに気づきました。奮闘から解放されるために必要なことは、ただ**目覚める**ことだけです。

これがスピリチュアル・ヒーリングの性質です。あなたが何らかの形態の罪、偽の渇望、病気、貧困、失業、不幸と奮闘しているなら、奮闘を止めて、目覚めてください。自分の本当のアイデンティティに目覚めてください。あなたは深い海で泳いでいる人ではないのです。あなたは罪と病気で苦しんでいる人ではないのです。あなたはキリスト意識であり、神の子です。そして、あなたが戦っている間違いを、戦うことによってあなたは永続しているのです。

奮闘する必要はありません。この全宇宙の中で、ただ神があなたと私として現れているだけである、という理解の中でくつろいでください。神自身の分割できない自己性が、あなたと私として個人化されているのです。聖なる調和はあなたの運命です。あなたが素晴らしい健康の中、あるいは、病気の中で生きていても、聖人として生きていても罪人として生きていても、聖なる調和があらゆる個人の運命です。私たち一人ひとりの究極の運命は聖なる調和です——**私たちが目覚めるときに**。「目ざめる時、みかたちを見て、満ち足りるでしょう」（詩篇17篇15）。

あなたが目覚めることの意味を理解し始めるとき、そのとき、この世界のいわゆる間違い、罪と病気、欠乏と制限は実際の状況や存在の状態として存在しているのではなく、マインドの幻想的イメージ、ないし観念として存在していることを理解するでしょう。そういった理解があっても、あなたがそれらで苦しんでいた以前と同じくらい、それらは相変わらず苦痛や迷惑なものでしょう。しかしその理解のおかげで、あなたがそれらから癒されることも可能になるのです。罪、病気、欠乏を実際の状態として受け入れている間、あなたは癒されることはできません。あなたの経験の中で問題を引き起こしているものの非現実的性質を、あなたが知るときようやく、スピリチュアル的に癒すことが可能になるのです。

形而上学を学んできたあなた方は、罪と病気の性質は幻想である、と教えられてきました。つまり、それを「死すべきマインド」あるいは、「存在しないもの」と呼ぶように教えられてきました。ほとんどの生徒にとって、その幻想ないしその死すべきマインド、ないし存在しないものは、まだ癒すべき、あるいは、取り除くべき何かとして残っています。しかし、自分を苦しめているものが幻想であると知ったあとでは、誰も取り除くべき何かをもつべきではありません。もし誰かが部屋の隅に幽霊を見て、「それを取り除いてください」と言うなら、その人は幽霊を隅にある「それ」として見ていると、あなたは理解することでしょう。しかし、それが幻想であるという事実に目覚めたあとに、もしその人が「それを取り除いてください」と言って、固執するなら、あなたはその人のことをどう思うでしょうか？

イエスが「この世」と呼んだもの、つまり、世界に対する物質的感覚が本当は幻想であることをいったん認識したら、なぜ偉大なマスターがこの世界を克服することができたのかを、あなたは知ることでしょう。彼は、それが幻想であると理解することで克服したのです。そこに克服があり、もしイエスの示した手本に従うなら、あなたもまた次のことを学ばなければならないでしょう。それは、「この世」を克服することができる唯一の方法は、物はあなたが認識するようなものではなく、状況はあなたが認識するようなものではなく、人はあなたが認識するようなものではない、と知ることです。あなたが扱っているものは常に幻想で、それが幻想であると知ることによって、それは解消されるべきです。もしあなたが本当の確信をもってそのことを知るなら、そうなることでしょう。

この世界の不調和は、マインドが無知によってゆがめられた産物です。現実的で永遠なるものを不完全に理解する状態は、「無限の道」では催眠状態としてしばしば話題にされます。宣伝行為に影響された人たちがストレスと緊張に置かれるとき、集団催眠がどれほど簡単に生み出されうるのかを、宣伝行為に対する国民や大衆の反応を見た人は誰でもすぐに理解できるはずです。そういった場合、誰もそれ自体で催眠術師として行動している人もいませんし、その人が働きかけている特定の被験者がいるわけでもないのです。それにもかかわらず、生み出される効果は、それが「暗示のかかりやすさと意志力の喪失という目立った特徴」〔原書注2〕がある点で、催眠的です。それに影響される人たちは、「思想の普及」とは**何の関係もなく**、ただ集団催眠の被害者であるだけなのです。

ある意味では、個人は人間的苦境の中に生まれるというまさにその事実によって、催眠にかけられて生まれるのです。その人のまわりのあらゆる人が物質的現象を現実の存在として認識しているので、その人もまたその呪縛に陥ります。言い換えるなら、その人は催眠にかけられるのです。世界的催眠状態があり、それはある人には病気として攻撃し、別の人には偽の渇望として攻撃し、また別の人には感覚的快楽として攻撃し、別の人には貧困として攻撃し、また別の人には別の何かとして攻撃します。それは世界的催眠状態であり、母親の子宮の中で受胎されたせいで、あらゆる人はその犠牲者なのです。

この世界的催眠状態の影響のせいで、人は病気、死、欠乏、制限、失業、不景気、戦争、あるいは、事故を現実として受け入れるのです。根本にメスを入れてください。枝を集めることにかまわないでください。個々の肉体の小さい断片を癒したり、あちこちの小さい偽の渇望を癒したりすることにかまわないでください。ヒーリングにおいては、人や状況それ自体を扱っているのではないことを理解してください。あなたは世界的催眠状態を扱っているのです。

催眠の世界的性質をあなたが理解することを助けるために、最近おこなわれているサブリミナル効果（訳注：潜在意識的に刺激を与えることで現れる効果）についての研究を、思い出してもらいたいと思います。多くの人たちは自分では気づいていない暗示に反応することが発見されました。たとえば、ある映画館で次のような実験がおこなわれました。その映画館では、休み時間にロビーに出てポップコーンとコカコーラを買うように観客に指示を出すスライドが、ほとんど気づかれないほど素早くスクリーンに写し出されていました。これらのスライドは目に見えず、マインドの中に意識的に登録されなかったにもかかわらず、観客たちは今まで前例がないほど大勢がロビーに行って、コカコーラとポップコーンを買いましたが、彼らは特別にそれがほしいというわけではなかったかもしれないのです。彼らは誰も、そうしなさいと言われるのを聞いたわけではありませんでした。彼らはどんな広告も見ませんでした。しかし、彼らは自分が受け取ったことさえ知らなかった暗示に反応し、自分がまったくあずかり知らない何かを、無意識に行動化している自分に気づくのです。明らかに、もし彼らが知っているときに、これらの暗示が直接彼らに為されていたら、それらを買うべきかどうかという判断力や識別力を、彼らは使ったはずです〔原書注3〕。

もしあなたがこの催眠がどう作動するか理解するなら、人がこれらの間違いの性質を理解しないかぎり、あらゆる人がこの世界の災いの犠牲者である理由を知ることでしょう。映画館にいた人たちは同じように、「あなたは風邪です」を拾いあげることだってできたでしょうし、「あなたは癌です」とか、「あなたは恐れています」を拾いあげることだってできたはずです。あなたはこのことが真実だと知っています。なぜなら、疑いもなく、それがどこからいつ来たのか知らずに恐れを感じた日々を、あなたもたくさん経験したからです。あなたがいったん外へ出ると、たぶん新聞の見出しを見たことでしょうし、ラジオをつければ、ラジオから流れる声が何かの災害の話をわめきたてていることに気づいたかもしれません。あなたの恐れは世界的催眠状態の結果だったのです。それはあなたのものではありませんでした。つまり、人から人へ、場所から場所へ、状況から状況へ移るのは、世界的催眠状態で、あなたは突然自分がその犠牲者であることに気づくのです。

こういったアプローチは現代の精神科学の団体や心理学や精神療法によっておこなわれている、ほとんどのメンタルなヒーリングで使われるものとは非常に異なります。メンタルなヒーリングはすべて人の思考の中に何らかの間違いが潜んでいて、もしそれが根絶されれば、ヒーリングが起こるという理論に主にもとづいています。癌、結核、関節炎――その病気が何であれ――すべては患者の側の間違った思考や何かの望ましくない特徴のせいだとされています。プラクティショナーの中には、「間違いを明らかに」しようとして、人のマインドを探り、患者に「あなたの問題は嫉妬、肉欲、みじめさ、意地悪、憎しみから来ています」と言う人たちもいます。いくつかの問題は、見かけ上こういった望ましくない質から来ているように見えることでしょう。人間レベルの人生においては、そして、人間が世界の中で生きているかぎり、人は必然的にそういった世界意識の一部であるので、疑いもせず、知らないうちにその意識の様相を身につけるのです。

おそらくあなたは、「もしあなたがもう少し感謝したり、もう少し自分の親戚にやさしくしたりしたならば、あなたの特別な問題が何であれ、今それと奮闘していないことでしょう」と言われた経験があるかもしれません。そして、「もしヒーリングを経験したいと望むなら、まずこれからは、人をゆるし、親切で、愛情深く、思いやりがあり、辛抱強く、寛大にならなければなりません」とも言われた経験があることでしょう。それは心理学とメンタル科学です。その中では、あなたの肉体、精神的病気は、たいてい精神的原因のせいだとされています。

さらに、メンタルな治療は患者にも向けられます。ときには患者の名前や病気の名前が治療に取り入れられます。「ジェーン・スミス、あなたは神の完全な子どもです。ジェーン・スミス、あなたは健康で、あなたもそれを知っています。あなたはスピリチュアルな存在です。ジェーン・スミス、あなたは自由です。ジェーン・スミス、あなたは完全です。ジェーン・スミス、あなたはこれです。ジェーン・スミス、あなたはあれです」。こうやって治療が為されるのですが、真実はと言えば、一人の人間であるジェーン・スミスはこれらのどれでもないのです。そういった形而上学徒が、神と、神のイメージと似姿について知っているすべてが、まるでジェーンがすでにそうであるかのようにジェーンに注ぎ込まれているのです。ジェーンに繰り返し強調し、彼女はすでにスピリチュアルで完璧であると言うことで、メンタル科学の実践者は彼女がそれになることを希望します。

スピリチュアル・ヒーリングはこういったいかなるアプローチとも異なります。「無限の道」で教えられ、実践されているスピリチュアル・ヒーリングでは、肉体的病気に対するメンタル的原因はないのです。つまり、肉体的病気に対する**個人の**メンタル的原因はないのです。確かに、肉体に影響を与えるメンタルな原因はありますが、それは個人に対する私的なものではありません。それは人間意識の中の世界的催眠状態、神から分離している自己性への世界的信念であり、その影響が催眠的なのです。

こういった世界的催眠状態の支配下では、病気が何であれ、病気を引き出したとされる間違った思考に対して、患者に責任がないように、患者は催眠にも何の責任もありません。「形而上学的」にあまりになりすぎて、その人が間違った考え方によって、自分で自分自身にそれをもたらしたと信じないでください——あるいは、おばあちゃんのせいだとも信じないでください。そういったことを信じないでください！　その人は、間違った考え方のいわゆる影響に対して責任がないのと同様に、また間違った考え方に対しても責任がないのです。なぜなら、その両方の場合において、その人は世界的信念、世界的催眠状態の犠牲者にすぎないからです。その人はそれを受け入れ、そして、あなたと私もそれを受け入れたのです。

言い換えるなら、仮にあなたが嫉妬深く、嫉んで、あるいは、不正直であっても、それで責められるべきではないのです。さらに言えば、何かの理解や誰かがあなたの経験の中に入って来て、どうやってそれを矯正するかを示してくれるまで、それからけっして解放されないのです。あなたは単に善い人間になることで、それらを矯正できないことでしょう。「これから私は嫉妬することをやめます」とか、「私はこれから不正直であることをやめます」と決心することで、あなたはそれらを矯正することもできないでしょう。それはそんなふうに為されることができないのです。何世代もの間、それは試されてきましたが、成功しませんでしたし、これからも成功しないことでしょう。

何か別のことが必要なのです。あなたを間違った考え方から解放し、あなたの経験の中で間違った考え方を不可能にするような何かが、あなたの意識の中に導入されなければならないのです。第一歩は、自分自身を責めるのをやめることです。自分の罪で自分自身を責めることをやめてください。自分の欠点で自分自身を責めることをやめてください。自分の間違いで自分自身を責めることをやめてください。あなたが自分自身を責めたり、隣人を責めたりしても、どこへも行き着きません。自分自身からこの非難を取り除いてください。そして、気づくべきことは、あなたがマインドと肉体の否定的質をどの程度表現していても、それは世界的信念が自分に押しつけられているのを、あなたがゆるしたから、ということです。

あなたの存在の本質は神であり、あなたの魂の本質は神であり、あなたのマインドの本質も神であり、あなたの肉体の本質は神の寺院であることを、まず理解するようにしてください。

まさにあなたの体は生きた神の寺院です。それを非難するのをやめ、それを憎むのをやめ、それを恐れるのをやめてください。あなたのマインドはそれを通じて神、真理が流れる道具です。自分のマインドを非難するのをやめ、それを「悪いマインド」とか、「死すべきマインド」とか、「物質的マインド」と呼ばないようにしてください。そんなマインドはないのです。たった一つのマインドだけがあり、そのマインドは神の道具です。自分のマインドを批判するのをやめるとき、あなたのマインドは魂に対して開かれた明晰な道具になるのです。

もしあなたがペットや子どもと接した経験があるなら、彼らを非難し、罰し、彼らがどれほど悪いか、どれほどイタズラでひどいかを言うことは、彼らの中に善き物事をもたらす方法ではないことを、確実に知っているはずです。それは誰の中にもどんなことの中にも、善き物事をもたらす方法ではありません。子ども、動物、花、あるいは、どんな成長するものの中にも善き物事をもたらすのは、それを愛し、それを祝福し、神がその存在のまさに本質であり、神がその本質を構成していることを理解することです。

人があなたのところへ助けを求めてやって来るとき、その人を批判したり、叱ったりしないでください。その人を非難したり、責めたりもしないでください。その人が犯した罪、怠慢の罪を探しまわらないでください。なぜなら、たとえその人がそういうものをもっているとしても、それらは結果にすぎません。それらは原因ではありません。あらゆる欠点と失敗の背後に原因があり、その原因はけっして個人的なものではありません。その原因は世界的催眠状態です。

これでなぜ人々が病気になったり罪深くなったり、彼らが偽の渇望と欲望を育てたり、なぜ酔っ払うほど弱いのか、なぜ無謀運転するほど愚かなのかを説明できます。彼ら自身がそんなふうでありたいわけではないのです。人々が気づかないうちに、この世界的催眠状態が彼らを襲い、彼らに影響を与えています。だから、「外で雨が降っています」と世界が言うとき、何千もの人たちが風邪をひくのです。

スピリチュアルなヒーラーとは、自分は風邪、癌、肺病、ポリオを扱っているのではないことを理解している人です。スピリチュアルなヒーラーは生前の影響を扱っているわけではないのです。その人は人生の変化や老齢を扱っているわけではないのです。スピリチュアルなヒーラーは現実の誤解を扱っているのです――催眠術、催眠、暗示です。これらには実体も主体もないのです。催眠術はメンタルなイメージを引き起こす何かですが、しかし、そのメンタルなイメージは常に実体がなく、法則や原因がなく、催眠術が破壊されるとき、そのイメージも破壊されます。

このプロセスがどう働くのか見てみましょう。目を閉じてください。自分のマインドを自分が好きな通り、自分が知っている通りへ向けてください。そこにある家々を見まわしてください。あらゆる種類の家とあらゆる装飾があります――ここにはブリキの家、向こうには石の家、向こう側には木の家。これらの家々の前には、新鮮な緑の芝生があり、こちらの芝生の中にはバラの花壇、向こうの芝生の中にはエゾギクやヒャクニチソウの花壇があります。多くの子どもたちが遊んでいます。通りではときどき車が急いで通り過ぎます。あなたはその子どもたちの一人が、スピードを出している車の前に駆け出すのをイメージし、ブレーキのキーキーという音と子どもの叫び声を聞くことさえあるかもしれません。

そのとき、玄関のベルが鳴るか、電話が鳴ります。すぐにあなたは目を開けます。夢は消えました。すべての家々、子どもたち、事故はどこにあるのでしょうか？　それらは消えてしまいました。なぜなら、夢は家々を作ることができないからです。夢は子どもたちを作ることができないからです。夢は家々と事故を作ることができないからです。夢は実体のないイメージしか作ることができません。催眠術もそれと同じことです。催眠術師はあなたの部屋の中で一ダースのロバが踊っているのを、あなたに見させることができますが、一頭もそこにはいないのです。その一方で、あなたは完全に催眠にかかっているので、ロバたちがそこにいると確信しているとしたら、どうでしょう。あなたはどうやってそれらを取り除くのでしょうか？　たった一つだけ方法があります。催眠を解くことです。催眠にかかっている人を呼び起こして目覚めさせることで、催眠を解いてください。そうすれば、そのとき形はどうなるでしょうか？　それらは消えます。

スピリチュアル・ヒーリングにおいては、その「主張」がジョーンズ、ブラウン、スミスという名前だろうが、癌、肺病、ポリオという名前だろうが、失業、憂鬱、不幸な人間関係という名前だろうが、騙されて、人や状況を治療したりしないでください。それらをそのままにしておき、実体のない実体という問題に戻ってください。あなたはそれに自分の好きなどんな名前も与えることができます――世俗的マインド、催眠術、暗示。**あなたがそれを「実体がない」という意味で解釈するかぎり、**それはどんな名前でもありえます――何の実体もなく、法則もなく、原因もない。

ヒーリングにおいて、人々を人々として扱うのではない、と本当に理解し始めるときがあります。つまり、あなたが自分の思考から、彼らと彼らの特定な「主張」を取り除くことを学び、あらゆる瞬間に、問題の根本――実体のない世俗的マインド、つまり、実体のない「肉の腕」――に対処するとき、意識的に自分の内部の**スピリチュアルな存在**に素早く気づくことができる、とわかることでしょう。この**存在**は、あなたが障害から解放されないかぎり感じられることができません。その障害とは、二つのパワーがあるという信仰です。その障害とは神とは分離した何かがあるという信仰です。

もしお好きなら、催眠術という代わりに、「誘惑」という言葉を使うこともできます。体調が悪いと感じるとき、それをあなたの受容や拒否を求めてやって来た誘惑として見なすこともできるでしょう。あなたがその誘惑を拒否できる唯一の方法は、何があなたのところへもたらされようと、その名前や性質が何であれ、それが誰であれ、それを「肉の腕」として、実体のないものとして認識することです。

世俗的マインドは聖なるマインドの対立物ではありませんし、聖なるマインドが世俗的マインドに対して何かをすることを、あなたは期待しているわけでもありません。世俗的マインドを実体のないもの、「肉の腕」とした瞬間、あなたはもはや二つのパワーをもたず、聖典の中で言われていることをすることができるだけです。つまり、**神の言葉**の中で休息することです。あなたは、主ー神の霊があなたに降りかかるのを待ちながら、**神の言葉**の中に休息することができ、主ー神の霊が来るとき、それが催眠を解くのです。

すべての形態の罪、病気、欠乏、制限、憂鬱は、催眠的意味、ないし催眠術である、と私は認識することを学びました。それからあとの長年の間、問題は、どうやって人に対してその催眠術を解くのか、その方法を発見することでした。私は何をすることができるのでしょうか？

催眠術師が指を鳴らすと、その人の被験者は目を覚まします。あるいは催眠術師は、その人が目覚めるように意図します。しかし私は、こういった行為をやることができないのです。なぜなら私は、物理的ないしメンタルなパワーを使うことは、ゆるされていないからです。

そのとき私は、聖典の中のあの一節を発見したのです。あなたは私の著作のあらゆる場所にそれを見付けることでしょう。「石が人出によらずに山から切り出された」（ダニエル書2章45）。私がこの理解しがたい意味に数ヶ月間、頭を悩ませたあとで、答えが明らかになり始めました。間違いに対する武器――私たちの攻撃と防衛――は、肉体的なものでもメンタルなものでもなく、どんな行為でも、言葉でも、思考でもないものです——それはただ神に気づくことです。

あなたは証人か観察者としてかたわらに立ちながら、石があなたの意識の中で、あなたの意識から形成されるのを眺めながら、これを実際に実行するにつれて、しだいに平和の状態がやって来ます。そのとき、あなたは**「在る」として**の神を一瞥することでしょう——何かに対するパワーとしてではなく、ただ**神は在る**。誰かに対して何かをするどんなパワーもないことを、あなたは理解し始めます。すると、現実が現れ始め、あなたは観照者になります。あなたが静かになり、観照し、聖なる調和が展開するのを証言する能力を育てるにつれ、それに比例してすべての問題は少しずつ消えていきます。そして、一つであるということの原理ゆえに、あなたの患者もこの調和を経験するのです。

このプロセスの背後の原理は、人間マインドの活動が実体であるかぎり、催眠術の活動であり、人間マインドが機能しないとき、もはや催眠術がない、ということです。思考や言葉を考えていないとき、静寂さの中にいるとき、人間マインドが止まり、催眠術が消えました。あなたがこれを経験するとき、人間次元の人生を超えた何かを感じることでしょう。

間違いの形態と戦わないでください。リュウマチ、肺病、癌を切り落とそうとしないでください。老齢を切り落とそうとしないでください。見かけの世界を変えようとしないでください。戻ってください。戻ってください！　現実の中では神があなたの存在を構成し、あなたが苦しんでいる唯一のものは、二つのパワーに対する世界的信念であることを理解してください。戻って、**神の言葉**の中で休息してください。仮にあなたが間違いの一つの局面と戦って、それを負かしても、それに代わって十個の別の問題がわき起こることでしょう。あなたは人間の不調和の原因であるものを、一掃しなければならないのです。それは何でしょうか？　それは実体のない構造、このいわゆる世俗的マインドであり、それは永遠に悪と戦っている人たち以外にとっては、パワーではないのです。

あなたのところへやって来るあらゆる「主張」に対して、関わっている人についての思考、その人の名前、その「主張」の性質をわきによけ、実体のなさ――それは戦うべき何かでも超えるべき何かでもなく、ただ実体のなさを象徴している何かの言葉や用語――にもし戻ることができるなら、そのときあなたは唯一のパワーをもち、瞑想の中にすわることができ、聖なる霊が降りて来るのを感じることでしょう。あなたは人知を超えた平和を感じることでしょう――あなたは**聖なる存在**と、恐れや不調和からの解放を感じることでしょう。

瞑想に入って行くとき、何かや誰かを変えたり、癒したり、改革したり、矯正したりする目的で祈っているのではないことを、意識的に覚えていてください。次のことをマインドの中で明確に確立してください。「私はこれから瞑想に入りますが、どんな人もどんな状況も巻き込まれていません。私の瞑想は、人とはまったく無関係ですし、状況とも関係ありません。それは今まさに私がいるところで、**スピリチュアルな存在**に目覚めることと関係しています。ですから、私は沈黙し、その目覚めが起こるがままにします」

調和にとって必要なことはただ、神の恩寵に目覚めることだけです。あなたは深遠な形而上学についてたくさん知る必要はありません。あなたはシンプルな物事、たった一つのパワーの啓示とか、「他国の軍」（ヘブル人への手紙11章34参照）の実体のなさといった、非常にシンプルな物事を知るだけでいいのです。神は言葉以上のものであることをあなたは理解します。神は同義語の長いリストよりもさらにずっと偉大なものです。神は一つの経験です。人がその経験をするまでは、誰も神を知りません。

原書注1――「私」または『私』と表記されているときは、すべて神に言及しています。
原書注2――American College Dictionary（New York: Random House,1958）より。
原書注3――このテーマについては、著者の The 1958 Infinite Way Letters (London:L.N.Fowler &Co.,Ltd.,1959), pp.200-218. を参照のこと。

第二部

スピリチュアル・ヒーリング：治療の役割

6章　ヒーリング意識を成長させる

治療とは、神との接触が確立され、それによってスピリチュアルなパワーが人間の活動へと流れて来る、そういった高所にまで意識を高めるために採用される技術です。それはスピリチュアルな真理を認識することであり、その目的はすでに存在している聖なる調和の状態を啓示することです。治療を与える人の側のこの目覚めが、ヒーリングを依頼する人のスピリチュアルなアイデンティティを啓示し、そのおかげでその人はスピリチュアル的には神のイメージと似姿として、見られることができるのです。

すでに指摘してきたように、スピリチュアル・ヒーリングを実践している人たちは、誰でも見かけのレベルを超越しなければなりません――肉体的感覚、個人的感覚での不調和を超えて、より高い意識の次元へ上がらなければならないのです。そこでは癒すべき個人は誰もいず、ただ神霊だけの余地があります。

治療が必要なのは、人間性という信念が個人的意識の中に染み込んでいるという、ただそれだけの理由です。この人間性ないし個人という感覚は、よりよくあろうとすることによって、あるいは、善い思考を考えることによって克服されることはできません。なぜなら、そういった試みはどれも、悪い人間性から善い人間性への単なる移行にすぎないからです。そういった移行はもちろん人間的には望ましいものですし、人間的風景の中にいるほとんどあらゆる人が、人間的善は人間的悪より善いことだといずれはわかるようになり、悪でありたいと思うより善でありたいと願うようになるのは、自然なことです。しかしながら、それはスピリチュアルな実証ではなく、人間の進化の一歩前進にすぎません。

人がもはや人間的善か人間的悪か、健康か病気か、金持ちか貧乏かを気にしなくなり、代わりにこれらを超えて、人のスピリチュアルなアイデンティティであるキリスト性へと突破するとき、本当のスピリチュアルな進化が始まるのです。そういったスピリチュアルなヴィジョンを通じて、以前は間違いないし悪と一体化されていたものが、普通に自然に消滅するのです。なぜなら、スピリチュアルな意識の中には悪も間違いもないからです。イエスはこのスピリチュアルな意識を何度も何度も実証しました。彼は自分に従う人たちに彼らの経験の用語で話しました。「マルタよ、あなたは多くのことに心を配って思いわずらっている」（ルカ10章41）。彼はスピリチュアルな意識を証明し、それは見かけを超えて現実を見通すのです。結局、彼はキリストであり、父と一つだったのです。私たちがこのキリスト意識を達成するとき、そのとき単一の目のヴィジョンも達成します。

私たちが人生の浮き沈みに巻き込まれているとき、特にこのことは理解するのが困難かもしれません。しかし、人間がこれほど多くの問題に悩まされる理由について少しの間、考えてみてください。何世代にもわたって、私たちは放蕩息子であって、この世の中で自分自身の所有物に頼って生きてきました。私たちは父に頼らず、お互いに依存し合って生きてきたので、自分の本当のアイデンティティへの気づきを失ってしまったのです。私たちの内部にはこのキリスト、この神の子ないし神の顕現が眠っていますが、何世紀にもわたって築き上げられてきた人間の信念が、何層にもそれを覆い隠しています。人間は父の家からあまりに長く離れてきたので、自分の親は神であることを忘れてしまったのです。

この時代、人間の本当の自己が再び啓示されつつあり、人間が自分の存在の本質と性質に、つまり、自分のスピリチュアルな運命であるキリスト性へ目覚めるときが来たのです。この目覚めのプロセスの中で、人が神霊から再誕生できるように、自分の人間性に対して死ぬのです。

治療とは、現実であるものを認識するために、見られたり、聞かれたり、味わわれたり、嗅がれたりできるものを超えた意識へ上ることです。砂漠のハイウェーを車で走っている人は、道路から水を取り除くためのバケツを探しまわったりせず、ただ自分が蜃気楼に直面していることを認識し、その知識によって、道を先に進んでいきます。同様に、キリスト意識にとっては何の障害もないのです。そのキリスト意識が達成されるとき、人は道路上の水、交差している道路，山の上にある空を見ることができますが、それでも自分のハートの中で次のことを知ることができます。

こういった制限の状態は存在していません。それらは単なるマインドのイメージにすぎません。それは見かけです。しかし、真実はと言えば、神の王国、永遠の生と調和の領域は、私の内部にあるのです。それは達成されるべきものではありません。それはすでに私の内部にあるのです。それゆえに、私は常に内部を向き、今、王国の完全なる目覚めへ入って行くことがで

きます。私の唯一の機能は、その存在性に気づくことであり、それがすでにあり、それゆえ、私は何も求めることがないと理解することだけです。

真理を知ること、真理について宣言し、考えることは、メンタルなプロセスです。それらはスピリチュアルな識別力へ導く段階です。しかし、メンタルなプロセスは何も癒しませんし、またそれらは個人の経験の中に調和をもたらすこともありません。治療の目的は、スピリチュアルな識別力や目覚めが起こる地点まで、意識を引き上げることです。

治療において、たぶん役立つ手順があります。最初に、人が助けを求めるとき、その人に助けが与えられることを確信させてください。それから、その人の名前やアイデンティティを考えずに、その「主張」の性質を世俗的マインドの性質として認識してください。その患者、その体、その状態のことを再び考えずに、即座に**神に**向かってください。自分のマインドを神の上に留め続けてください。あなたの瞑想は次のような形態を取るかもしれません。

私は神について何を知っているでしょうか？「最初に、神在り」。神は作られたすべてを作

り、神が作ったすべては善いものでした。神が作らなかったどんなものも、作られませんでした。それゆえ、私は肉体をもち、神はその肉体を作り、それは神の実体から作られています――完全で、スピリチュアルで、調和しています。神が創造した肉体の中では、病気や苦痛の原因がありえず、病気、苦痛、不和、不調和というような結果もありえません。

神は永遠の生命です。もし神が永遠の生命なら、天や地上のどこにもその永遠性を減らしたり、変えたり、変更したり、あるいは、それを妨害したりする存在やパワーがありえないことは、明らかです。それゆえ、神の完全さの中では、苦痛のためのどんな原因も、病気のどんな原因も発見されることができず、苦痛や病気というようなどんな結果もないのです。神はすべての存在の実体です。というのは、神は宇宙が作られているその実体だからです。

神は法則で、唯一の法則です。もし神が唯一の法則なら、病気の法則、分離、感染、伝染の法則といった不調和の法則はありえないのです。それらは現実でも原因でもありません。神だけが唯一の法則であり、神が自分の創造への調和の法則であり、それを維持し支えているのです。

神は愛であり、神は無限なので、愛は全能で遍在しています。愛は自分自身の存在の世話を

するものです。

もし神、聖なる神がそれ自身の存在の世話をするなら、神の法則と愛は、神の創造を調和的に喜びに満ちて、完璧に維持するのに充分だということが、明確になるべきではないでしょうか？

治療は常に、状況には実体がないことの認識であり、ただ神と神の特質――**無限の善、無限のすべて、無限の存在、無限の結果**としての神――を扱うだけであることに気づいてください。最終的には、神はすべての中のすべてで、神以外に何も存在しないという目覚めが達成され、そのときまでには、患者などというものは存在しえないことを、理解するようになるでしょう。なぜなら、神から離れた人、人格、個人性は存在しえないでしょうし、また神から離れた状態や状況も存在しえないだろうからです。

あなたが知ることができるかぎりの真理を知ってください。あなたが発見できるかぎりの神の同義語を取り出し、個人的存在との関係の中でそれを見てください。あなたが知っている神についてのあらゆる真理は、個人的人間についての真理です。なぜなら、その原理は神と人間は一つである、というものだからです。

神についての真理を知りながら、その真理を人間から分離した離れたものとして考えること、あるいは、人間は病気で罪深く、神を必要としていると考えることは、その治療の効果を失うことです。治療は、「わたしを見る者は、わたしをつかわされたかたを見るのである」（ヨハネ12章45）という偉大な真理の理解を体現しているのです。その「者」がビル・ジョーンズであれ、メアリー・ジェーンであれ、他の誰であれ、です。神と神の顕現は一つです。神と神の個人化は一つなのです。

何千もの治療の形態があります。ある朝、電話に答えていたとき、私の長年のワークの中でやって来たもっとも奇妙な治療を、神は私に与えました。私が聞いた言葉は、「神、父、神、子、神、聖霊」というもので、それですべてでした。私はそれを理解できませんでした。それで私は、「神、父、神、子、神、聖霊」とともにすわりました。私は、自分がそれらの意味を理解できるかどうかを見るために、十数回これらの言葉を繰り返したにちがいありません。それから、光の爆発のようにそれはやって来ました。「そうだ、私は神が父であることを知っている。確かに神は父である。しかし、神はまた子でもある。私たちはみな一つなる父（神）の子ではないか？　だとすれば、どんな神の子も、自分が神の子であることを理解しているかぎり、トラブルや困難にあうはずがない。そして、聖霊は？　それは、神と人間が一つであるという私たちの気づきないし理解である」。治療はそのくらいシンプルでした。そしてヒーリングは、神が唯一の存在で、唯一のアイデンティティで、永遠に神（父）を称えるという神（父）の仕事に従事しているという、目覚めとともに起こるのです。

治療は一日中ないし一晩中続くこともありますし、一分だけ続く場合もあります。その長さにかかわらず、もしそれが、個人的存在としての神に目覚めることへと導くなら、それは善い治療です。あらゆる治療は自然発生的であるべきです。なぜなら、既製の治療は、まったく何も治療しないよりも価値がないからです。どんな二つの治療もまったく同じであるべきではありませんし、また同じにはならないことは明らかです。それゆえ、今日あなたが使ったのと同じ治療を、明日使おうとしてはいけません。あなたは今日の世界でもっともパワフルな治療を与えたかもしれませんし、それは誰かが死からよみがえる意識の中の場所へ、あなたを引き上げる治療かもしれません。それにもかかわらず、それは明日には頭痛さえ治せないかもしれないのです。もしあなたが一日に百回治療をやるように求められても、それらは百回とも違うものでなければなりません。

治療という意味においては、言葉を使うこと——真理の公式ないし宣言——は、昨日の新聞から今日のニュースを得ようとする、ないし昨日の神の恵みを拾おうとするのと同じくらい、無益なことです。神の恵みは毎日新たに降って来ます。同様に、あなたに何かが求められるたびに、霊感は新たに流れて来ます。それゆえ、明日の治療のために今日の霊感を使おうとしてはいけません。霊感は必要がある瞬間にやって来るでしょう。なぜなら、あなたの聖なる父は、あなたがこれらのものを必要だと知っているからです。

あらゆる必要性を満たすどんな一つの治療も治療の形態もありません。なぜかと言えば、すべての人間は異なったレベルで生きているからです。さらに一人ひとりが意識の異なった状態、ないし段階にいるだけでなく、あらゆる人が日によって異なった意識の段階にいるからです。誰も常に同じ意識レベルにいるわけではないので、治療も、特定の日の特定の人の、特定の意識状態の必要性を満たさなければならないのです。

助けを求めるそれぞれの要請が、一人の人や複数の人々を巻き込みます——肉体の状態、ビジネスの状態、ないしマインドの状態。それにもかかわらず、問題の性質が何であれ、治療は、問題は世俗的マインドでしかないという理解であり、治療は常に神のレベルにあります。

たとえば、結婚の問題に関して助けを求める要請が来たなら、あなたはプラクティショナーとして与えるべきどんなアドバイスももたず、それゆえ、あなたはそのケースの人間的面とは何の関係ももっていないのです。なぜなら、人間的風景は聖なるものとは何の関係もないからです。喧嘩を仲裁するレベルにけっして降りないでください。その夫婦を一緒のままにしておこうとか、あるいは、別れさせようとかしないでください。

スピリチュアルなワークは人間的風景を手当することではありません。それは、私たちにとって問題として現れているものが、神から分離した自己性の暗示であり、砂漠の水と同じく実体がないという理解です。この気づきにともなって、唯一の存在で完全で全体であるものとしての、神の目覚めがやって来るのです。その目覚めが確信をもたらし、それとともに平和の感覚がやって来ることでしょう。もし確信がやって来ないなら、私は再びすわり、「すべてはうまくいっている」という感覚がやって来るまで、自分自身の内部で平和と静寂さを確立することでしょう。

病気の人から別の電話がかかってきたとします。その「主張」が心臓や肺の活動を扱う何かを巻き込むとき、すぐにこれはメンタルなイメージであるという認識がやって来て、私は全活動としての神、生命、存在、肉体の唯一の活動としての神に目覚めることでしょう。そして、それによって神－活動、神－存在というあの感覚を確立することでしょう。

治療全体は、状況にはパワーがないという認識であることに、あなたはすでに気づいたにちがいありません。それは神だけを扱い、死すべき人間のレベルではなく、常に神のレベルにあるのです。さらに、治療はほとんど電話の受話器が置かれるより前に与えられます。あるいは、もし助けの要請が手紙経由で来れば、それは私が手紙の最後に到達する以前に完成しています。しかしながら、すべてがうまくいっているという感覚をすぐに感じない場合は、私はしばらくすわって瞑想し、内なる平和を発見し、神と私が一つであることに気づきます。これが治療です。

もし一時間か二時間後、緊急な感覚をともなって、そのケースが私の思考に戻って来るなら、私は再度治療を与えることでしょう。なぜなら、それが私のマインドに戻って来たというまさにその事実が、疑いもなくそれがまだ終わっていない仕事だということを示しているからです。再び、この問題は見かけにすぎず、神が唯一の生命であり、神は分割も分離も不可能で、完全であるという気づきがあります。

その気づきの瞬間、あなたの治療は完成します。そのときが、あなたの患者がまさに癒される瞬間でしょう。しかしながら、そのヒーリングは常にすぐに目に見えるとはかぎりません。反応が遅れることには多くの理由があります。しかしながら、一つ心に留めておくべきことは、特定の病気――肉体的、精神的、その他――のヒーリングは、スピリチュアル・ヒーリングの目的ではないということです。

実証すべきことは、神に目覚めることです。それゆえ、もしあなたが「父よ、この実証の性質は何ですか？」とまず尋ねてからどんな治療も始めれば、非常に素早く答えが次のような形態でやって来るかもしれません。

「私」を実証しなさい。「私」があなたの生の中で生きて活動している存在であることを、実証しなさい。「私」があなたの中に現存していることを実証しなさい。「私」が自分の子、イエス・キリストの中で活動していたのと同じように、あなたの中でも活動していることを実証しなさい。

あなたが神のところへたった一つの目的だけ――神のために、ただ神だけのために――行くのでないかぎり、あなたは善と悪という二つのパワーを認めているのであり、大きな善いパワーである神が、小さな好ましくない悪のパワーに対して何かしてくれることを期待しているのです。偉大な大きな神が間違いに対して何かすることを、あなたが待っているかぎり、休息はけっしてやって来ませんし、また平和もけっしてやって来ません。平和はあなたが次のような理解の中で、静かにすわることができるときだけやって来るのです。

父よ、ありがとうございます。私があなたの言葉に期待するすべては、それが泡を爆発させ、ベールを貫くことだけです。なぜなら、調和はすでに在るからです。もし私が不調和と不和があると信じているなら、あなたの声を聞くためにここにすわってはいないことでしょう。

あなたは神に目覚めるという目的のためだけに、神を望むべきです。神があなたやあなたの状況に対して何をするかは、まったく別のことなのです。パートナー、家、職業、才能を自分にもたらすように、あなたが神に指示を出そうとする瞬間、そのとき神は目的のための手段になります。あなたが立ち止まってこのことについて考えてみれば、これはショックなことです。神を使うというこの考え、それはほとんど冒涜です。それにもかかわらず、一般的に受け入れられている祈りと治療の観念は、神があなたに何かしてくれるだろうとか、あなたの言葉によって、神が正しい方向へ影響されることができるというものです。それは祈りではありません。だから、ほとんどの祈りが効果がないのです。唯一の効果的な祈りとは、神への目覚めに到達することです。

治療の後半は前半よりも短いのが普通で、それはより重要な部分ですが、多くの形而上学徒たちが完全に無視していることです。彼らは、自分が与えた治療がヒーリング作用をもたらしていると考えています。それゆえに、多くの治療が成功しないのです。

癒す治療を与えるのは**あなたではない**ということを、再び私は繰り返し言わなければなりません。あなたはそれがやって来る通路にすぎないのです。あなたの治療は単に、内側の神からあなたのところへやって来る**本当の**治療、神の言葉を受容するために、あなたの意識を準備することです。真理を知ることを通じて成長してきた受容性の状態の中へ、神の言葉が流れ出るのです。実際のヒーリング・ワークを与えるのは神です。

究極の治療は、どんな言葉も、どんな真理の宣言も、どんな肯定的宣言も、どんな否定的宣言も使われないときに達成されます。これが究極の状態ですが、あらゆる人がその状態に到達できるわけではなく、また私が今まで知ってきた人たちの中で、それを常に維持できる人は誰もいませんでした。それゆえ、時々はその中に何らかの言葉や何らかの思考が存在する治療の形態に戻ります。しかしながら、ある程度の内なる確信が達成されるまでは、どんな治療も終わっていないことは理解されるべきことです。治療が終わったという確信を受け取る内なる解放の地点まで、自分を引き上げるために、どんな治療の形態をあなたが使おうとも、それほど重要ではありません。しかし、自分の内部でこの平和の感覚を感じるまで治療は終わっていない、とあなたが考えるのは本当に重要なことです。

治療は、あなたの迷信、無知、偽の理論の思考を取り除き、そのおかげで**「私」の思考**に対してあなたは開かれるのです。あなたはけっしてヒーラー（癒す人）にはなりません。あなたはプラクティショナーかもしれませんが、でもけっしてヒーラーになることはないのです。あなたのところへやって来る平和の感覚――人知を超えた平和――が、ヒーラーなのです。あなたがそれに到達するとき、ヒーリングが起こります。それはヒーリングを為すのは神である、という気づきです。

7章　ワーカーへの実践的指示

そのヒーリングが仮に自分自身のためのものだとしても、スピリチュアル・ヒーリングを実践するどんな人に対しても最初に要求されることは、成長したスピリチュアルな意識です。なぜなら、すべてのヒーリングは個人的意識、あなたの意識や私の意識の結果だからです。それは神に依存していません。それは抽象的な神−意識やキリスト−意識に依存しているのではなく、**キリスト−意識の高みにまで引き上げられた個人的意識に依存**しています。キリスト−意識とは神−パワーであり、そのおかげで神のワークを為すことが可能となるのです。しかしながら、プラクティショナーが自分の意識を真理と愛で満たし続けなければ、人生の途上でそのプラクティショナーと出会う人たちはその人のことを、世界に広く調和と平和を広げながら神の仕事を為しているとは思わないことでしょう。

イエスはかつて知られた、生きた、活動した最大のスピリチュアルなヒーラーで、常に内なる父に目覚めて、その中に自分の存在をもっていました。その理由で彼は神の仕事を為すことができ、確信をもって次のように言うことができたのです。「わたしを見る者は、わたしをつかわされたかたを見るのである」（ヨハネ12章45）。疑いもなく、もしこの時点であなたが問題をもっていて、全時代の全世界の中からプラクティショナーを一人選ぶ機会を与えられるなら、自分がヒーリングを受け取ることを完全に確信して、イエス・キリストへ向かうことでしょう。しかし、癒すのが神、ないし非個人的抽象的神―意識、ないしキリスト―意識であるなら、なぜあなたはイエス・キリストを特別に求めるのでしょうか？　それは私たちが知るかぎり、イエス・キリストは最高に成長した目覚めた神―意識をもっていたからではないでしょうか？

もしイエスの助けを得ることができないとしたら、そのときあなたは誰のところへ行くでしょうか？　聖典の知識によれば、おそらくヨハネ（キリスト十二使徒の一人。「ヨハネの福音書」の作者だとされる）か、それからペテロ（キリスト十二使徒の一人）かパウロ（キリスト教の初期伝道者）でしょう。なぜなら、彼らはヒーリング・ワークで、途方もなく深いスピリチュアルな能力とスピリチュアルな気づきを実証したからです。

常にヒーラーとは、ある程度のキリスト意識に到達した個人の意識のことをいい、その到達の程度がヒーリングがうまくいく度合いを決定します。人々の中には、癒す能力は選ばれた少数の人たちに授与されているある特別な才能であり、それゆえ、自分たちの排他的特権であると信じている人たちもいます。しかし実際は、プラクティショナーを定めるものは、どれくらい真理の意識が成長しているのかであり、その人が真理を吹き込まれている程度に応じて、その人の意識はパワーをもつのです。

神の恩寵によって、神の意識が個人的意識として実現しているのです。「でもどうやって、私はこの意識に到達するのか？　どうやって私はそれを達成するのか？　どうやって私はビジネスマンや主婦であることと、スピリチュアル・ヒーリングの道具であることのギャップを、埋めることができるのか？」と、あなたは尋ねるかもしれません。

あなたの人生の展開のあらゆる段階で、どんなスピリチュアルな進歩も、神の恩寵なくしては為されることができず、どれほどの熱意や信念をもっているにしても、あなた自身では成功できないことは、覚えておくとよいでしょう。あなたが自分自身をこの学習へ連れて来たわけではなく、「何か」があなたを駆り立て、あなたを駆り立てたその「何か」とはあなたの内部にあるということを、理解しなければなりません。

スピリチュアル・ヒーリングの領域に入る人たちは大きな責任がかかり、彼らには最高の理解が要求されます。彼らは人類にもっとも豊かな祝福をもたらしますが、人間世界が彼らに対して可能なかぎりの中傷を投げ付けるかもしれません。神がその人の首根っこを捕まえて、このスピリチュアルな領域にその人を押し入れるのでないかぎり、誰もそこへは入るべきではないのです。そのときでさえ、もし人がそれに抵抗することができるなら、そうするべきです。スピリチュアルな領域はその人の場所ではないからです――その内なる何かが、「他の道はない」と主張しないかぎり、そこは誰の場所でもありません。人が奮い起こすことができるすべてのスピリチュアルな勇気は、世界が真理と真理を固く守っている人たちに対してもつ、敵対感情に耐えるために要求されるものです。スピリチュアルな呼び出しに従うことは、人間としての人の能力の中にはありません。例外は、神の恩寵がその人に降りかかる度合いに応じてです。なぜなら、そのとき初めて人は、必要なより大きな光をもつことができるからです。

プラクティショナーや教師は、神-活動のために自らを明け渡し、彼らの機能は真理の気づきを維持することです。そのおかげで、生徒や患者がそのプラクティショナーの意識へやって来るとき、彼らはそこに真理と愛だけを見付けるのです。たとえば、あなたがプラクティショナーのところへ行くとします。そのプラクティショナーの意識はスピリチュアルな知恵のために開かれているので、あなたは真理の活動を非常に感じて、平和と完全性の状態の中へ落ち着くことでしょう。プラクティショナーが自分自身を真理と愛の考えで満たし続ける程度に応じて、その人に助けを求める人たちの経験から不調和と不和が取り除かれます。そのプラクティショナーと道ですれ違った人たちさえ、彼らの意識が開かれている程度において、プラクティショナーの意識を分かち合うことでしょう。なぜなら、次のような継続的な理解があるからです。

神は私の意識であり、神ないし真理が私の意識を満たしていて、私の意識の実体であり、活動であるので、その真理は、私の宇宙の内部のあらゆる形態の実体です。たとえそれが、木や花や、友人や敵のように見えても。私の宇宙のあらゆるものがその気づきに反応します。

私は自分の意識の内部に、その意識によって形成されている自分の世界を抱きしめます。私の意識は真理で満たされているので、私の世界は、真理と永遠性と不死性の活動、質、実体、

性質と性格を顕現しています。

私は自分の意識の戸口に立ち、不調和の性質のものが何も入って来ることをゆるさず、神がそこを通じて全世界へ流れる場所として、それを純粋に維持します。私のスピリチュアルな家庭、私の寺院に入って来る者たちはそこに平和と喜びを発見し、それが彼らの存在、肉体、財政の実体となります。この神-意識は彼らを包み込み、それを統治し、維持し、彼ら自身の個人的存在の真理として、この真理を明らかにします。そのため、今度は彼らが自分自身だけではなく、彼らに助けを求めるすべての人たちにとって、法則となるのです。

その意識があなたの意識であれ、私の意識であれ、真理が吹き込まれ、真理に根ざし足をつけている意識が、ヒーリングの仕事を為すのです。あなたの世界のあらゆることが、あなたの意識の様相を帯びます。あなたの世界にどれほど不調和と不和があるかは、世界的信念があなたの意識の戸口を通過することがゆるされる程度の反映です。そうであれば、キリスト意識があなたの人生を乗っ取る度合いに応じて、あなたがあなたの世界の法則になるのがわかりませんか？

不和の証拠があなたのところに現れるたびに、その意識的再解釈が習慣になるまで、それを再解釈しなければなりません。そうすれば、もはやどんなプロセスも巻き込まれません。誰かがあなたに助けを頼むたびに、少なくとも一年から三年の間は、あなたは自分が知るまさに一番いい治療をすすんで与えるべきです。しかし、一年か二年の間、何百、何千もの治療を与えたあと、真理があなたの意識に中に非常にしっかりと埋め込まれ、具現化するとき、あなたは高い意識の状態に生きています。そのとき誰かがあなたに助けを求めるならば、あなたはただ、「私はあなたと一緒にいます」と答えることができ、これで充分な治療になります。しかし、こういったことは、あなたが充分な治療を与えて自分自身を完全なる真理の目覚めの中に確立したあとで、初めて可能になるのです。

「何がヒーリングを妨げるのでしょうか？　なぜ真理は効果的でなかったり、働かなかったりすることがあるのでしょうか？　なぜある場合には、それほど長い時間がかかるのでしょうか？」という質問がしばしば尋ねられます。

それには何十もの理由がありますが、どれも完全には充分ではありません。一つの理由は、プラクティショナーがその瞬間、充分に高い意識状態に上っていなかったかもしれない、というものがあります。いくつかの場合では、弟子たちがヒーリングに失敗したとき、マスターは言いました。「このたぐいは、祈と断食とによらなければ、追い出すことはできない」（マタイ17章21）。そのため、通常の治療には反応しないタイプの「主張」があることを、私たちは信じるようになります。何かより高いものが必要とされ、その何かとはイエスだけがマスターしているものでした。

メンタルなレベルで働いているプラクティショナーには明け渡さないのに、スピリチュアルなレベルで働いているプラクティショナーには明け渡す「主張」があることを、あなたは発見することでしょう。医学からはヒーリングを受け取らない人たちがいて、でもその同じ人がメンタル科学のプラクティショナーを発見するとき、その人は非常に素早く反応します。しかしその一方で、メンタルな治療に反応しない多くの人たちもいて、彼らはスピリチュアルな次元で働いているプラクティショナーからのみ助けを発見します。一人ひとりの個人が自分自身の内側に入らなければならず、もしその人が誠実なら、その人は自分の必要を満たすことができるプラクティショナーへと導かれることでしょう。

ときにはスピリチュアルな次元のプラクティショナーでさえ満たせないケースもあります。それは、そのプラクティショナーがその瞬間に充分に高いスピリチュアルなレベルにはいないという事実と、関係があるかもしれません。しかしまた、患者がまだ明け渡す準備ができていず、自分の肉体的物質的感覚や、その人をその「主張」に縛り付けておく意識状態を放棄する気がないからかもしれません。ときにはプラクティショナーが患者を強制的に明け渡しに導くこともありますが、また患者が何かの意識状態にしがみつくので、その人がヒーリングされるのはほとんど不可能になるときもあります。

ヒーリングには、単に体の健康を回復する以上のことがあります。ときには、個人が単に肉体的ヒーリングを得るよりも、スピリチュアル的に目覚めるほうがずっと重要なときもあります。そういった場合、プラクティショナーはその人のスピリチュアルな目覚めが起こるまで、その人を助けることができないかもしれませんが、スピリチュアルな目覚めのあとでヒーリングがすぐに起こることがよくあります。個人が目覚めるまで続けるのはプラクティショナーの責任ですが、**患者を目覚めさせるのはプラクティショナーではありません。プラクティショナーが真理を認識することを通じて、キリストが患者を目覚めさせるのです。**

多くの治療が効果的でないのは、それらが存在の真理の明確な目覚めではないから、という単純な理由によるものです。人々は真理を表明しますが、彼らは真理についてあいまいで、多くの場合、表明は矛盾しています。スピリチュアルなヒーラーは、音楽家や数学者が音楽や数学を明確に理解するのと同じように、真理の理解において明確でなければなりません。数学では、一つの小さなあいまいさが間違った答えという結果になります。音楽でも、一つの小さいあいまいさがあると、間違った音符が打たれます。ですから、治療を効果的にするためには、スピリチュアル・ヒーリングの原理とは何かということに関して、明晰で明確な理解をもつことが、非常に重要です。

真理に対するあなたの意識が明確で明晰であるかぎり、あなたの意識が、あなたの世界に対して調和の法則となるのです。しかし、もしそれがあいまいなものなら、あいまいな実証があることでしょう。なぜなら、法則のあいまいな、あるいは不正確な観念を状況に当てはめたからです。調和の実証は、あなたが怠惰にすわり待つことができる何かではありません。あなたはそれについて具体的に何かをしなければならず、その何かとはあなたの意識の活動として、存在の真理を維持することです。

プラクティショナーは、意識の中で自分が維持している真理に応じて、自分の患者の調和の法則となるのです。しかし、この世界の思考に自分の関心が占有されることをプラクティショナーがゆるすなら、あるいは、プラクティショナーが個人的私、自分、ないし「私のもの」という感覚に耽溺するなら、そのプラクティショナーはスピリチュアルな領域では成功できないことでしょう。プラクティショナーはそういうところから、自分を切り離さなければならないのです。特にプラクティショナーは、スピリチュアルな誠実さにおいて高みに上らなければならないのです。なぜなら、人々は彼らの人生の特定の時期に自分の魂の運命をプラクティショナーに託しているからです。これは非常に聖なる信頼であり、それを神聖不可侵にし続けるためには、プラクティショナーは朝も昼も夜も、自分の存在を聖なる意識の中において生活し活動できるように、全世界を放棄しなければならないのです。

家庭生活やコミュニティの義務に深く巻き込まれているプラクティショナーは、めったに成功することができません。なぜなら、彼らの患者と生徒の必要性が、他のあらゆる義務よりも優先されなければならないからです。彼らが自分の治療とスピリチュアルな活動の責任を果たしたあとのわずかな時間しか、家族のためには残されていないのです。スピリチュアルな活動においては、時間のかかる社会活動の余地もありませんし、多くの友人たちのための余地も残されていませんし、コミュニティや政治活動に活発に参加する余地もないのです。だからといって、どんなプラクティショナーも自分のコミュニティ、国家の中での責任ある市民としての義務をけっして避けてはいけません。

人がヒーリングの活動に入るとき、自分をスピリチュアルな気づきの状態に保っておくために、かなりの程度人間的付き合いから自分自身を切り離さなければならないのです。そうすることで、自分のところに寄せられるあらゆる呼び出しに常に応じることができます。この人生は魂の人生であり、世俗的物事のためには死ぬことが必要です。

プラクティショナーは、自分の家族関係や社会的関係などの個人的関係が、自分の高い意識レベルから自分を引きずり下ろそうとする形で、自分の時間を侵害することをゆるしてはいけません。そしてそれと同様に、プラクティショナーはまた、自分の患者や生徒の集団に侵害されるのを警戒しなければなりません。私がこの仕事をしているかぎり、私は電話の長さは三分以内に限定するように決めています。時間を限定するのは、他の電話のために電話回線を明けておくためであり、そして、私の意識をくだらないことで散乱させないためです。

プラクティショナーは昼間であろうが夜であろうが、呼び出しに応じるようにいつでも待機していなければなりません。スピリチュアル・ヒーリングには、一日二十四時間、週七日以外、営業時間がないのです。だからといって、このことは、プラクティショナーが夜でも昼でも一日中、自分が呼び出されたとき、個人的に訪問するべきだという意味ではありません――例外的ケースを除いて。もし問題が幻想にすぎなければ、なぜプラクティショナーが患者のもとに駆け付けなければならないのでしょうか？　もしプラクティショナーが、呼び出しの見かけの緊急性のせいで、患者の家に急ぐことに誘惑されるとしたら、そのまさに行為によって、彼は見かけを受け入れていることになり、そのケースは失敗に終わるかもしれません。

非常にまれな場合、患者を訪問することがゆるされますが、しかしたいていの状況では、一番賢明なコースは、プラクティショナーは家の中ですわり、神の中で自分の人生を生き、スピリチュアルな意識の中に常にしっかりと落ち着き、世界の恐怖心が自分を動揺させるのをゆるさないことです。もしそのプラクティショナーが額面どおりに見かけを受け入れることを自分自身にゆるすなら、そのときプラクティショナーは盲人を導く盲人となり、彼らは二人とも溝に落ちてしまうことでしょう。プラクティショナーは世界から離れて自分を保つ必要がありま す。それは間違いを無視することではありません。それは間違いを無価値なものとして、その正しい場所へ追いやることです。恐れるべきことも、憎むべきことも、愛するべきことも何もないのです。実際に**何もない**のです。

スピリチュアル・ヒーリングは、実際に神に目覚めることによって達成されます。それは、人々の名前とも病気や状況の名前とも無関係です。それは、患者として、あなたのところに現れる人たちの本当のアイデンティティを知ることと、関係しています。プラクティショナーとして、あなたは患者の名前、病気の名前、あるいは、診断に関心をもつ権利はありません。とはいえ、プラクティショナーの名に値するどんなプラクティショナーも、自分のところへ問題をかかえてやって来る人たちに、親切、愛情、慈悲を必ず表現することでしょう。プラクティショナーは理解しながら耳を傾けますが、でも聞かないのです。なぜなら、存在の現実であるすべてを知る無限の知恵が、あらゆることを知っていて、それは患者の名前や病気の名前を告げられる必要がないからです。あなたがそれを知る前に、そして、患者がそれを知る前に、必要性を知るのが無限の知性なのです。

もしある人があなたに、「私は頭痛がします」と言うなら、あなたが人間的にできることは何もありません。あるいは、「私は足が痛いです」とその人が言うとしても、それに対しても同様にあなたは何もすることができません。もしその人が、自分は骨折、肺病、癌を患っているとあなたに告げても、同じことが言えます。これらの物事に対して、あなたは人間的に何をすることができるでしょうか？　その情報はあなたにとって何の役に立つでしょうか？「うわさ」にこのように耳を傾けて、何が達成されるというのでしょうか？　神から分離した自己、神から離れた法則を信じるようなこれらすべての誘惑を、なぜあなたは自分自身にゆるすのでしょうか？　その誘惑とは、おしゃべりな患者によってあなたに熱心に押しつけられたものです。もしプラクティショナーが人、状況、物に関心を払わず、「この人は世界的信念の犠牲者であり、今この瞬間、彼は自分自身をどうやってそれから解放するかを知らないのだ」ということを即座に理解するなら、神の意識の中にはるかに留まることができます。

もしあなたに、自分がスピリチュアル・ヒーリングの活動の一部でありたいという期待があるなら、最初に、あなたに助けを求める人たちをけっして非難しないことを学んでください。非難をやめてください。批判をやめてください。判断をやめてください。「うわべで人をさばいてはいけない」（ヨハネ7章24）。非難に耽溺している催眠から、自分自身を引き上げてください。あらゆる人には欠点があり、誰もそれを誇りに思っているわけではありません。誰もそれを永続したいわけではないのです。それにもかかわらず、自分自身や他人を批判し、判断し、非難し続ければ、あなたがそうすることが、まさにそのことを永続化させるのです。プラクティショナーとしてのあなたの機能は、個人が犯す罪や怠慢のどれにも、その人をけっして束縛しておかないことです。たとえその人が七十×七回、罪を犯しても、それでもまだあなたは七十×七回、その人を解放しなければならないのです。

プラクティショナーの側に理解がなければなりません。慈悲がなければなりません。愛がなければなりません。それはその患者が罪を犯したり、病気であったりしても、理解し慈悲深くあるという意味です。あなたが常に、「わたしもあなたを罰しない」（ヨハネ8章11）という態度を維持しながら、非難なく生き、自分のまわりの人たちを眺めることができる程度に応じて、あなたは自分自身と他人を間違いの重荷から引き上げ、そのおかげで、あなたと彼らは解放され、神の恩寵を受け取れるようになるのです。

このようにして、死すべき運命の宣告からあなたと他の人たちが引き上げられるとき、人間はまさに神のイメージと似姿として啓示されます。その似姿は、あなたの存在と私の存在を構成しています。それはかつて生きたすべての聖人と罪人の存在です。マスターがやって来たのは、善き人々が少しだけより善くされるためというよりも、罪人が罪から解放されるためだったのです。どんな罪人も永遠に追放される人はいません。どんな罪人もけっして救いがないわけではないのです。キリストの最大の機能の一つは、失われたもの、それが失われた肉体であれ、イナゴの大群による失われた年月（ヨエル書2章25参照）であれ、失われた健康であれ、失われた士気であれ、救出し、回復させ、再生することです。もしスピリチュアルな再生がなければ、どんな肉体的ヒーリングもないことでしょう。あなたが片方を回復させれば、もう片方も回復させることになります。それは一つの全体の両方の部分であり、セットなのです。

もしあなたが人の欠点を非難して、その中に人を束縛するなら、人が神霊とマインドと肉体の完全性に上る機会をけっしてもてない場所へ、その人をさらに押し入れてしまうことになります。あなたの患者や生徒のハートとマインドを眺めてください。そうすればそこに、神が座についているのがわかることでしょう。自分の目の前に立っている人は、神の顕現であることを見ることができるまで、あなたは誰かのために何かをしてくれる神を探し求め、そのことがあなたの目的を失敗させることでしょう。あなたの患者が助けを必要としていると信じてしまうたびに、あなたのスピリチュアルなヴィジョンはぼやけています。それはちょうどバーにすわって友人と飲んでいる人が、その相手に向かって「君はもう飲むのをやめたほうがいい。君の顔はぼやけている」と、たしなめるのとまさにまったく同じことです。ですから、あなたが自分の治療を「ここにいる」誰かに向けようとするたびに、ぼやけているのは患者の顔ではなく、また病気であるのは、彼の肉体ではないのです。ぼやけているのはあなたのヴィジョン、あなたのスピリチュアルなヴィジョンなのです。なぜなら、相手の人を不正確に見ているのは、あなただからです。

あなたの患者の中には、彼らが明け渡す前に、困難な戦いをあなたに与える人たちもいることでしょう。しかし、そういった抵抗に誘惑されて、彼らは少々悪辣すぎるとか、少々物質的すぎるとか、少々愛情がなさすぎるなどという結論に導かれないようにしてください。見かけによって彼らを批判するという罠に、落ちないようにしてください。批判なしにあらゆる見かけに直面し、見ることができるとき、自分が神の仕事をする準備ができていることを、あなたは証明するのです。たとえあなたがそれを長年見続けなければならないとしても、次のことを正しく理解し続けてください。

汝は神のキリストなり。汝は純粋なスピリチュアルな存在なり。キリストが汝の存在の中に上座しておられる。汝のマインドは神の道具なり。汝の肉体はまさに神の寺院なり。神は汝の

存在の魂なり。

あなたの体の存在の三つのすべての部分――神霊、ないし魂、マインド、そして肉体――を、考慮することを忘れないようにしてください。第一に、神はすべての存在の魂、神霊、生命であることを理解してください。一人ひとりの個人のマインドはそれを通じて神が機能する道具であり、肉体は生きた神が住まう寺院であることを理解してください。そのとき、あなたは完全な人を眺めることになります――神霊、マインド、そして肉体――すべてが一つで、全体のすべての部分。そして、その全体とは神なのです。

プラクティショナーはその人を通じて神の声がそれ自身を発する道具で、神の言葉は素早く鋭く、そして、パワフルです。しかし、自分の言葉が素早く鋭く、そして、パワフルだ、と誰にも信じさせないようにしましょう。なぜなら、誰もまだその地点まで上っていないからです。キリストでさえ非常に率直に、そして、真の謙虚さをもって、次のように言ったのです。「わたしは、自分からは何事もすることができない」（ヨハネ5章30）

プラクティショナーは、神の義務や機能を引き受けて、患者にとって何が正しいかを自分が知っているなどと思うほど、けっしてうぬぼれてはいけません。つまり、何が正しいかを患者に告げたり、自分がどうやって患者の経験の中に調和をもたらすことができるかを説明したりできる、と思ってはいけないのです。自分の人間的判断をもって人間の風景に入り、どうやって問題が解消されるべきかを決定しようとすることは、プラクティショナーの権利ではありません。患者を癒すのはプラクティショナーの知恵ではなく**神のパワー**です。それゆえ、スピリチュアルなヒーラーの機能は祈ることです。つまり、スピリチュアルなヒーラーは受容的で鋭敏でなければならず、また自らを明け渡さなければならないのです。そのとき、神がやって来て正しい行為を為し、それは素早く鋭く、パワフルなので、一瞬のうちに肉体を変えるのです。

前世紀の形而上学的教えが仮にも何かを証明したとしたら、どんな人でも真剣にヒーラーになりたいと思う人は、誰でもそれになることができるというものです――ただし、それはいつも大変なことです。ある者たちにとってはその意識は素早くやって来て、また別の者たちにはゆっくりとやって来ます。しかし、それを得ようと固く決意している誰によっても、それは入手可能です。それは外部の神秘的パワーとは何の関係もありません。それは個人の成長したスピリチュアルな意識の程度に関係しています。

8章 治療は遍在を理解することです

もし患者の名前や状況を知る必要がなく、これらの何も考慮されないなら、どうして一億人の他の人たちではなく、その患者が治療の恩恵を受け取るのか、と多くの人たちは不思議に思っています。その答えは、一つであることの基本的原理の中に見い出されます。助けを求める特定の患者がその助けを受け取るのは、その人がプラクティショナーの意識に手を伸ばしたからです。そのプラクティショナーは、患者-意識、プラクティショナー-意識**と**、神-意識があるわけではなく、ただ一つの意識——神-意識だけがあることを知っています。

患者が、神-意識に真に献身しているプラクティショナーのところへ向かうとき、その人は自分自身をそのプラクティショナーの神-意識の一部にします。さらに人は、自分の子ども、両親、ペットのプードル、あるいは、自分の作物のために助けを求めるかもしれませんが、そうすることでその人は、それらをプラクティショナーの本質である、唯一の無限の聖なる意識へ連れて行くのです。奇妙なことに、この意識へ自分自身を連れて行くことができない人が病気をもっていて、プラクティショナーと同じ部屋で長年一緒にすわっていても、何の恩恵も受け取りません。

イエス・キリストは聖地を三年間歩きまわり、毎日、彼は病気の人たちと罪を犯している人たちと出会いましたが、彼のところへやって来て、「マスター、どうか私を癒してください」と懇願する人たちのほうだけに向かい、言いました。「わたしにそれができると信じるか」（マタイ9章28）。自分自身をマスターの意識の中へ連れて行ける人たちのみ、マスターの足元にすわる大勢の一部である人たちのみ、彼の偉大な祝福の天福を受け取ったのです。

ほとんどあらゆる人が、何らかの種類のヒーリングを必要としている人たちに取り囲まれています。そこで、自分の領域に入って来る人たちに関して、人はどんな責任があるのかという質問が投げかけられます。助けが具体的に要請されるまで、治療を差し控えるべきなのだろうか？　自分のまわりで見る、世の中でヒーリングを必要としている人たちはどうなんだろうか？　彼は兄弟の番人だろうか？　もし治療の次の基本的原理が理解されるなら、そういった質問はわき起こりえないことでしょう——治療は人や状況に与えられるわけではない。

あなたがこの世界を動きまわり、必然的にその不満と悲劇に気づくとき、けっして誰をもどんな状況をも治療してはいけません。けっしてしてはいけません！　治療を受け取るのは、あなたに提供されている「主張」であり、その「主張」とは、神から分離し別れた自己性ないし状況への信仰です。あなたの思考に信念が侵入するとき、何かをしなければならないわけですが、その人や状況ではなく、ただそれがあなたの思考に現れている「主張」に対してのみ、あなたは何かをしなければならないのです。

あなたが腐敗、狂気、あるいは、事故のように見えるものを見るとき、内側に入ってくださ い。あなたが眺めているこれは幻想であることを理解してください。そして、神の存在の聖なる平和を感じてください。あなたのところへ現れるあらゆる特定の「主張」は、あなたの意識の中で出会われなければならないのです——ただ人々があなたに助けを求めるときだけでなく、あなたが何かひどい状況を観察するときはいつでも、です。もし通りを歩いていて、酔っ払った人を見たら、それはあなたの意識に侵害している「主張」で、それが出会われなければならないのは、あなたの意識の中です。もしあなたが障害をもった人を見たり、あるいは、乞食を見たりしても、彼らを無視しないでください。その人を通り過ぎないでください。エリコへ下る道の途中にいる男の横を通り過ぎて（訳注：強盗に襲われて傷ついた人の横を、何もしないで通り過ぎて行った人々がいた。ルカ10章30-36参照）、彼を道路に寝かせたままにしておいた人々のようにならないでください。彼をそのままそこへ寝かせたままにしておかないでください――肉体的には、あなたは横を通り過ぎるかもしれませんが、スピリチュアル的には彼を存在の真理にまで引き上げてください。

数年前、ホノルルで私たちのクラスに通っていた若い女性がバスに乗って帰宅する途中、バスの後部座席の男性に注意が引かれました。彼は大声で野卑なことをわめいていました。彼女はすぐに神は個人的存在として顕現していて、一人ひとりの個人は神であるすべてを含み、その個人的存在は神の質だけをもっていることを理解し始めました。彼女はその男性を治療しませんでした。彼女はその男性やその状況の真理を知りませんでした。彼女はその理解で自分自身を眺め始め、ついにその男性は彼女のところへやって来て、言いました。「お嬢さん、私のために祈ってくれてありがとう。私はもう大丈夫だ」

あなたは病気の人、罪人、あるいは、死にかけている人たちを行き過ぎたり、無視したりすることはできません。あなたは、個人的存在として現れている神の無限の性質を理解することで、あなたの意識の中でその人を引き上げるという、自分の責任を回避できないのです。もし多少でも受容性があれば、彼らはそれを感じることでしょう。そうやってあなたは、あなたの隣人を自分自身として祝福し、自分の敵のために祈るのです。あなたの敵はけっして人ではありません。あなたの敵は常に見かけです――罪、病気、不調和、欠乏、制限の見かけ。たった一つ祈る方法があり、それは自分自身に尋ねることです。「私は自分の目を信じるのか、それとも、悪は現実としては存在しないこと、そして、罪や病気の法則はないことを啓示し、神と触れ合っていた世界の神秘家たちを信じるのだろうか？」

スピリチュアル・ヒーリングに興味がなく、スピリチュアルな道にいず、またそうしたいとも思わない自分の子どもたち、夫、妻、友人たちに、治療を与えたいと思ったり、実際に与えたりしたことがある人たちはたくさんいます。自分の友人や親族らの無関心にもかかわらず、形而上学を学んでいる人は彼らを助けるために手を伸ばすのです。なぜなら、その人は彼らを非常に愛しているので、彼らが解放されるのを見たいと思い、自分の熱意ゆえに自分にはそうするパワーがあると思っているからです。

しかしながら、次のことはどれだけ強調してもしすぎることはありません。つまり、あらゆる個人は自分自身の生と自分自身の死に権利があります。その人は健康になる権利があり、それと同じくらい、病気になる権利があります。他の人が神を通じて自分の健康を求めるのと同じくらい、その人は物質医学を通じて自分の健康を求める権利があります。

スピリチュアルな知恵や真理を通じて健康と調和を求めている人が、家族や友人から妨害を受けたり、そういった道を追求しないようにと説得されたりするのは好まないのと同様に、医学志向の人も形而上学的友人から、喉元に真理を押しつけられるのは好まないのです。

それゆえ、スピリチュアル・ヒーリングを信じ実践している人は、自分が自分自身に望むのと同じだけの自由を、すべての他人にも容認するように非常に注意しなければなりません。「何事でも人々からしてほしいと望むことは、人々にもそのとおりにせよ」（マタイ7章12）。もし誰かが医学、手術、その他の形態の医学的助けを使いたいと思うなら、その人はそうする権利をもっています。その人は自分自身のやり方で、自分の幸福を見付けるように自由にされるべきです。

一人の人の実証が他の人の実証に影響を与える場合や、両親、夫、妻、子どもが巻き込まれている場合、形而上学を学んでいる人は神の理解を通じて真理を知り、自分自身の平和に到達することが、権利であるばかりでなく、義務で特権でもあります。ただし、そのことが自分のまわりにいる人たちを解放するかどうかは、別のことです――解放することもあれば、解放しないこともあります。ときにはそれが彼らの中に、自由への願望、スピリチュアルな自由の願望さえ開くこともありますが、それが起こっても起こらなくても、真理の中に留まることによって、その人は自分でできるすべてをやったのです。人が助けを受け取ることができる前に、ある程度の受容性、ほんの少しの信念という受容性、「それができると信じるか」という受容性がなければなりません。

すべての治療は個人的なものですが、いつも説明してきたように、患者や病気を特定する名前、顔、肉体などといったものは、スピリチュアル・ヒーリングのプラクティショナーの思考の中には入らないのです。しかしながら、もし誰かが「自分はインフルエンザで苦しんでいる」という主旨の電話をプラクティショナーにかけてきたなら、その治療は感染や伝染の信念、ないし天気や天候の世界的信念を扱う程度には、具体的であるかもしれませんが、それは患者や病気のことを特に考えるという意味においてではないのです。

もし呼び出しが事故の状況を伝えながらやって来たなら、神が**聖なる意識**の中で法則と秩序を維持し、あらゆる心像を持続し、今まで何事もその**聖なる意識**の調和、秩序、法則から逃れたことはないし、これからもないということを、自分の治療においてプラクティショナーはたぶん理解することでしょう。その程度にプラクティショナーは具体的ではあるでしょうが、しかし、折れた骨や腕や痛みをどう治療するかとか、それらが右側なのか左側なのか、上なのか下なのか、そういったことに対してはけっして具体的にならないのです。仮に心臓の領域に痛みがあっても、心臓自体にはまったく問題がないかもしれないのです。だったら、心臓を治療しようとすることは、愚かしいことではないでしょうか？

同じ日に三人ないし三百人が助けを求めるとしても何の違いもなく、プロセスは常に同じことです。個人が助けを求める瞬間、他の誰でもなくその人が治療を受け取るのです。どんなプラクティショナーも、患者のリストを作成して、「私は今夜この人たちに治療を施そう」などと考えることはできません。実際、患者がプラクティショナーの思考にやって来るまさにその瞬間、それが電話であれ、手紙であれ、電報であれ、あるいは、突然患者の思考が彼のマインドにやって来たのであれ、まさにその瞬間に治療が与えられなければならないのです。その瞬間、治療は起こり、その一分後ではないのです。

もし今、私が本書を書いているまさにこの瞬間に、誰かが私の思考に入って来るなら、その人は即座に治療を受け取ることでしょう。私は治療を与えるのに、一分でさえあえて待つことはありません。なぜなら、信念を訂正する唯一の時があり、それが私にやって来たときがその時だからです。その時が、再解釈ないし進展のための時なのです。**ヒーリングの秘密は、反応の中――この即座の再解釈の中にあります**。

プラクティショナーの中には、患者のリストを作製して、彼らが起きてから眠るまでの間、そのリストを眺めて、治療を与える人たちがいます。彼らはなぜこんなことをやるのでしょうか？　もし彼らのところへ助けの電話が来たときに治療が与えられるなら、名前のリストを眺め、治療を与えることがなぜ必要でしょうか？　プラクティショナーは特に再び助けを求められないかぎり、そのワークはその時点で為されているべきです。プラクティショナーが解放の感覚に到達するまで、あるいは、患者がプラクティショナーにそのワークをやめてほしいと頼むまで、そのケースのかたわらにいて、自分のワークを続けることはプラクティショナーの義務です。患者に助けを与えるのはプラクティショナーの機能ですが、それを与えたあと、プラクティショナーが解放の感覚を感じたら、重荷は神の肩にあり、それは面倒を見られていると想定しなければなりません。それがプラクティショナーの思考に再び来たり、再び助けが求められたりするのでないかぎり、プラクティショナーはそのケースを忘れるべきです。

プラクティショナーが助けを求められるとき、本当は何かを癒そうとするわけではないのです。プラクティショナーが与えることを期待されている助けとは、そういった状況は現実としては存在していないという理解です。ですから、プラクティショナーは、明日別の治療を与える必要があると、責任を感じる必要はないのです。もし間違いが今日も存在しないならば、それは明日にも存在するはずがなく、そしてさらに、今日存在しない間違いは昨日も存在できたはずがないのです。

それゆえ、私が彼らからの要請を受け取る前に、遠距離の人たちが助けを受け取ることがよくあります。今日真実でないどんな間違いも、昨日も真実ではなく、もしそれが昨日真実でなかったなら、助けの要請が送られたときにも真実ではなかったことを、毎日私は自分自身に思い起こさせます。私は常に、現在が唯一の瞬間であり、この瞬間に存在している調和は常に存在し、またこれからも常に存在する永遠の調和である、という目覚めの中に生きています。私がその中に落ち着いているとき、私に助けを求めて手を伸ばすあらゆる人は、その助けを受け取るはずで、その人は手を伸ばした瞬間にそれを受け取るのです。なぜなら、そのときが、私が真理を知っているときだからです。

プラクティショナーが朝目覚めるとき、そのまさに朝に助けを求める要請の電話を受け取らなければ、一人の患者ももつべきではありません。もし電話が来た瞬間にそのケースの世話をするとしたら、どうしてプラクティショナーは患者をもつべきでしょうか？　長年の私の実践を通じて、私は一日に非常に多くのケースを扱いました。ある年、私には週七日、毎日平均百三十五件の電話がありましたが、私は治療するべき患者のリストをけっしてもちませんでした。手紙が来たら、助けが与えられ、それが私のマインドに戻って来ないかぎり、またその人が再び私に手紙を書かないかぎり、その人のことも問題も忘れられました。

電話が再び来れば、私は「これは主が設けられた日であって」（詩篇118篇24）という立場をとり、そのときが私がワークをするときです。もし患者が思考からいなくなれば、それで終わりで、もしその人が私の思考に戻り続けるならば、毎回、私が知る最高の治療となることでしょう。

しかしながら、毎日私はグループ・ワークと思われるようなものをやっています。なぜなら、朝と夜、どこであれ、どんなときであれ、私の意識に手を伸ばしている誰かが私と個人的にコミュニケーションするために待つ必要がなく、その人は自分の答えを即座に受け取らなければならない、と私は理解しているからです。必要なことはただ手を伸ばすだけで、そうすれば、答えがやって来ます。

このタイプのワークは、グループ治療という用語の一般的な意味から見れば、グループ治療ではありません。しかしながら、私が特定の個人のことや、三十人、四十人、あるいは百人の個人のことを考えているのではなく、患者全体、生徒全体のことを考えているかぎり、そう呼ばれることができるでしょう。そういったグループのために瞑想に入るとき、それを私は一日に非常に多くの回数やるわけですが、私は四十人、あるいは、百人の個人を意識の中に入れることはありません。私は、グループとして彼らが世界的信念や暗示に影響されないことを単に知るだけです。

そのときから、そのグループのことは私の瞑想には入って来ません。私の瞑想は完全に神と神に関連する原理についてであり、それはつまり、神は個々の人の意識である、というものです。その聖なる意識の中で、物質のどんな法則も天気のどんな法則もありません。**意識ないし**

神の道具であるマインドの中ではどんな信念も作動しないのです。**唯一の存在、唯一のパワー、唯一の意識**だけがあり、その**神‐意識**がそのグループの意識なのです。

「無限の道」にいる私たちの多くは、日々の瞑想時間を通じて、自分の意識の中で自分たちの仲間の生徒たちを抱きしめるわけですが、そういった瞑想を通じて、世界中に広がっている私たちの生徒全体がこの世界の催眠から比較的解放され続け、それゆえ、罪、病気、不足、その他の人間的不調和が彼らの経験の中で減るのです。

また私は自分の家族のことを考えるときもありますが、それは一人ひとりのメンバーのことを具体的に考えるのではなく、一つの単位として家族を考えます。それから私は、神は私の家族のマインド、生命、魂を構成していると知りながら、同じやり方で、「無限の道」の私の一つのクラスのために瞑想します。不和や不調和を生み出す何ものも、外側から入って来ることはできません。なぜなら、すべての法則と統治は内側――個人と家族の生命である**聖なる意識**からやって来るからです。

もし私が学校や日曜学校の先生であるなら、あるいは、私が教会の牧師なら、そうやって私は瞑想することでしょう。第一に、クラスや集会のために私は瞑想に入りますが、それからすぐに彼らを意識の中から退けて、次のような理解の中へ上ります。つまり、神は教会－意識であり、神は教会を構成しているあらゆる個人の意識なので、その教室や教会の中では唯一の法則が働いている、という理解です。統治は神の肩の上にあるのです。

グループ治療のための他の唯一の機会は、世界中の軍隊に関するものかもしれません。その場合、一人の人についての真理があり、また別の人についての真理があるように見えながら、実際は神がその状況に関わるあらゆる人たちの意識として理解されれば、どんな個人も排除されないことでしょうし、これには私たち自身の軍隊と同様に、敵の軍隊も含まれなければなりません。

従うべき望ましい一般的なルールは、今述べたような状況以外、グループ治療を試みないということです。グループ・ヒーリング、ないし多くの患者を一緒に治療することが望ましい他の唯一の場合は、プラクティショナーが神との交感のために意識的に一つであることに目覚めて、神に向くときですが、そのときでもどんな個人的ケースも最初に思考には入って来ないのです。プラクティショナーはこれらのどれも具体的に扱っているわけではありませんが、誰であれプラクティショナーに手を伸ばす人は癒され、おそらくその瞑想の間、四、五人は癒されることでしょう。プラクティショナーは患者のグループを治療しているのではないのです。プラクティショナーが意識的に神と一つになり、神と交感しているとき、その瞬間プラクティショナーに手を伸ばし、その人の意識に触れる人はみなヒーリングを発見します。

長年の経験から私は、私が上昇する程度に応じて、私の患者や生徒たち全体の調和、平和、喜び、繁栄、健康、健全さが決定されることを知っています。それを例示すれば、私の初期の治療では、冬の間、インフルエンザ、風邪、肺炎のヒーリングのための多くの電話、ときには数百という電話で、ずっと忙しくしていました。ところが、ニューイングランドでのある冬のこと、イエスの言葉、「私と父は一つである」の奥深さに、私の意識を開いてくれたある経験が起こったのです。

ある日の午後、風邪、感冒、インフルの様々な段階の人々からの二十九件の電話があったあとで、夕方私はオフィスを出ました。翌朝、私がオフィスの椅子にすわろうとした際に、六件の電話がありました。その時間帯、私はいつも非常に忙しく、もちろん私のオフィスの待合室のすべての椅子はほとんど埋まっていて、私の予約ノートもいつもいっぱいでした。しかし、この日、私が自分の予約ノートを眺めたとき、午後の一時から二時の間に一件の予約も入っていないことに気づき、それは今までけっしてなかったことでした。さらに私が意識的ないし意図的にそんなふうに調整したわけでもないので、私は「何が起こったのだろうか？」、「この意味は何だろうか？」と、不思議に思ったのです。

それから、瞬時に次の思考がやって来ました。「ああ、私がそれをやったのではない。私はそれとは何の関係もなかったのだ。これは神のワークだったにちがいない。これには理由があるはずだ」。それから私はまるで患者と一緒にいるかのように、オフィスのドアを閉め、すわり、言いました。「父よ、これには意味があります。どうかそれが何であるか、私にお知らせください」

それから私は瞑想して待ち、ついに次の答えが私にやって来ました。「あなたは三十五件の風邪やインフルエンザのケースをもっているわけではない。あなたはたった一つのケースをもっているだけである。そのケースとは、神から分離した自己性への信念である。それは意識の中で神以外のパワーが働いているという信念である。あなたは、神、一つの意識、一つの聖なる知性の外側のパワーを受け入れることができるだろうか？　あなた自身の意識の外側で、何かのパワーが働いていることを認めることができるだろうか？」

それは新しい考えでした。その啓示が来たあとの午後の間、その特定のタイプの問題に関する呼び出しはもうありませんでした。その理解の時間の間に、あらゆるその患者たち、ほとんどあらゆる患者が癒されたのです。私の意識の中でその真理が登録されるやいなや、これらのすべての人たちは解放されたのです。それは一人ひとりに治療を与えるという問題ではありませんでした。それは彼らのために瞑想するとか、彼らのことを考えるという問題ではありませんでした。それは真理が私の意識の中に登録されるという問題であり、そのとき、自分自身を私の意識に連れて来たあらゆる人は癒されたのです。もし私が存在の真理を享受しているなら、私の意識にやって来る人が一人だろうが、三十五人だろうが、三百人だろうが、その人たちはその意識の中で働いている真理の性質を分けもつのです。

これが治療の方法です。これが、祝福と恩恵の存在として、世界を歩きまわる方法です。あなたが人々を癒すのではありませんし、彼らの中のキリストを目覚めさせようとするわけでもありません。**あなたが唯一の存在としてのキリストに目覚めるのです。**キリストに目覚めてください。キリストを感じてください。あなた自身の存在の内部に愛の温かさを感じてください。

あなたが沈黙のまま祝福している多くの人たちが、ヒーリングを得ることでしょうし、その中の一部の人たちは真理への道を発見することでしょう。なぜなら、彼らの中にそれまでは開かれていなかったスピリチュアルな中心を、あなたが開いたからです。「わたしがこの地から上げられる時には、すべての人をわたしのところへ引きよせるであろう」（ヨハネ12章32）

第三部
スピリチュアル・ヒーリング：
実践

9章　この肉体はどうしたらいいのか？

今までの章でスピリチュアル・ヒーリングの原理を説明してきましたが、説明自体がヒーリングをするわけではありません。これらの原理の何らかの理解をあなたが得たとしても、それらが実用的に働くようになり、あなたのヒーリング意識が成長するためには、それらが一般化や単なる知的練習から引き離され、財政的、道徳的、精神的、あるいは、肉体的な特定の問題に関連付けられなければならないのです。

大多数の人々の生活で最大の悩みは健康の問題、痛みの問題、老化の問題です。現在は肉体的健康を経験している人たちでさえ、彼らが物質的体と見なすものと、物事のスピリチュアルな枠組みの関係に頭を悩ませています。この肉体はどうしたらいいのでしょうか？　それはスピリチュアルな宇宙にどう合うのでしょうか？　この物質的体は、言葉が肉体化したものでしようか？　復活するのは、物質的体でしょうか、それとも、スピリチュアルな体だけでしょうか？

私がたった一つの肉体しかないと言うとき、あまり驚かないでください。物質的体とスピリチュアルな体があるのではないのです。たった一つしかないのです。人生のあらゆる面同様に、ここでも一つであることの原理が適応されます。

確かに、私たちは肉体の**物質的観念**を享受しています。そして、私たちをあらゆる種類の病気に巻き込むのは、肉体に関する歪んでいるその観念なのです。しかし、肉体は問題を引き起こす何のパワーももっていませんし、よくなったり、悪くなったり、病気になったり、健康になったりする何のパワーももっていません。病気の体として、あるいは、健康な体として現れるものは、**私たちの観念なのです**。

あなたの観念が肉体の物質的感覚であるとき、自分自身をあらゆる罪と病気へと開き、それに肉体は支配されるかもしれません。しかしながら、あなたがその観念を忘れ、二つ、三つ、四つの種類の肉体があるのではなく、たった一つしか肉体はなく、その肉体は生きた神の寺院で、神に統治され、神に維持され、神の法則だけに従うことを理解する瞬間、まさにこの体を神の恩寵のもとに連れて来るのです。もしあなたが自分の体は物質的であると信じるなら、自分自身を制限しています。とはいえあなたが、「私がそれを見るかぎり、確かに私はその**物質的感覚**をもっている」と感じるなら、私はそれを理解できますし、あなたに同意します。なぜなら、あらゆる人がある程度は肉体の**物質的感覚**をもっているからです。

イエスもアセンション（キリストの昇天のこと）のときまでは、ある程度は肉体の物質的感覚を持ち運んでいました。磔のあと、彼が地上を歩いたときでさえ、彼はまだ釘の跡や脇に刀の跡をもっていて、スピリチュアルな成長がそれほど進んだ段階でさえ、彼はある程度は肉体の物質的感覚を享受していたことを示しています。とはいえ、その物質的感覚は、今まで知られている他のどんな人たちよりもはるかに少なかったのです。彼はアセンションのときに、物理的肉体、物質的肉体を超越したのではなく、肉体の**物質的感覚**を超越して上昇したのです。では、彼の傷や血はどうなったのでしょうか？　それらはそこにはありませんでした。彼は純白の本質になって、それは本質において、あまりに透明なので彼は視界から消えて上昇しました。

あなたが肉体の物質的感覚を享受しているとしても、自分は物質的肉体ではないという理解に到達することができるとき、その結果、肉体、肉体の器官や機能、細菌、食べ物にはどんなパワーもないという理解の中で、しだいに肉体の物質的感覚が消滅していくのです。「わたしはいっさいの権威を授けられた」（マタイ28章18）

そのとき、あなたの心臓が健康だから、あなたは健康なのではないのです。あなたが存在しているから、あなたの心臓が健康なのです。あなたの足が調和しているから、あなたは歩くのではないのです。あなたが調和しているから、あなたの足が歩くのです。肉体的健康においては、あなたが健康なのはただ、あなたの体が健康だからという理由です。しかし、スピリチュアル的にあなたが健康であるとき、あなたの健康があなたの体の活動を統治するのです。それゆえ、あなたの体があなたの健康を統治するのではなく、あなたの健康があなたの体を統治するのです。あなたの本当のアイデンティティの理解を通じてあなたの体を統治するのは、あなたであり、その理解があなたのところへ向かうすべての人たちの健康となります。

たとえば、ジョン・ジョーンズが肉体的問題のことで、あなたに助けを求めたとします。彼は自分の問題はインフルエンザだと言うかもしれません。その当時、インフルエンザが彼の住む地域で流行していて、ほとんど伝染病のようになっていたかもしれません。あなたの治療では、あなたの最初の認識は、これは神から離れた自己性の暗示であるというもので、そのおかげで、あなたは患者とその状態を自由に忘れることができます。あなたが知っている全真理は神についてであり、治療全体が神のレベルに留まっています。

もし神が無限の存在であるなら、他の存在はないのです。神から離れ分離したどんなジョン・ジョーンズもいないのです。無限の存在としての神と神以外の何かの存在が、いるはずがありません。神はすべてを包括する善であり、その神以外他に何も存在しないのです。

さらにもし神が無限なら、神はすべての法則を含み、唯一の法則でなければなりません。それは神の法則以外、その他の法則のすべての可能性を排除します。それゆえ、神の王国では物質のどんな法則も働くことはできません。その王国では、伝染や感染のどんな法則もありえないのです。物質的悪のどんな法則もありえないのです。ただ神-法則、スピリチュアルな法則――完璧で、完全で、調和して、すべてを施行し、そして、自ら施行する――しかありません。神の法則に反するものは何もなく、それに対抗するものは何もありません。神だけが法則です。

神は唯一の生命であり、個人的あなたと私の生命です。神の生命は病気であったり、弱体化

したりすることがけっしてできませんし、またそれは神以外の外部のどんな性質の影響にも、支配されることはできません。

あなたの治療全体が、個人的生命、個人的マインド、個人的法則、神霊、実体、そして、唯一の原因としての神に目覚めることと、神の領域の中にあります。もし神が唯一の原因なら、神が唯一の結果であるにちがいありません。そして、もし神が唯一の結果なら、そこで治療は終わりです。あなたは今、神以外の何も出会うものがありません――原因としての神、結果としての神、生命としての神、法則としての神、すべての真の存在としての神。

この治療の前半の手段によって、あなたは自分自身を恐れと見かけから引き上げたのです。その見かけは、「インフルエンザ」という「主張」をもったジョン・ジョーンズでしたが、神の完全さの領域に留まることで、あなたはジョン・ジョーンズと彼の問題についての思考を長い間失っています。今あなたは神と神の天使たちのところへ居住しているのです。あなたは自分の治療の最終部分に到達したので、今、まるで声を聞くことを本当に期待しているかのように、聴くという態度をとります。

遅かれ早かれ、深呼吸、「クリック」、ときにはメッセージがやって来て、たいていは解放をもたらす性質の何かです。あなたの責任はなくなり、今それは神の肩の上にあります。あなたに関するかぎり、それが治療の終わりで、あなたはそれを今や退けることができます。なぜなら、神が現場にいて、それはもはやあなたの責任ではないからです。

六時間、八時間、十二時間後に、ジョン・ジョーンズが電話してきて、報告するかもしれません。「前よりひどいです」とか、「前よりよくなりました」とか、「完全に治りました」とか。もし彼が完全に治ったら、それで終了です。しかし、もし彼が前より悪くなったり、前と同じであったり、少ししかよくならなければ、あなたはもう一度彼を治療したい気になるかもしれません。そして、あなたは再び戻りますが、同じ言葉や思考ではなく、常に神の王国であなたの会話を維持し、常に自分の治療を神のレベルで維持します。神についての真理だけを理解してください。なぜなら、あなたが神について知るどんな真理も、あなたと私とジョン・ジョーンズの真理であるからです。そのことは、神の無限さから自然に推論できることです。神は無限なので、それゆえ、神性として以外、神性の中以外、神性であるものとして以外、どんなあなたや私もジョン・ジョーンズもいないのです。もし神が無限であるなら、誰も神の外にいることはできず、神の中にいて、神の一部であるゆえに、神について知られるあらゆる真理が個人的存在にも当てはまる真理なのです。

あなたのところへやって来るほとんどあらゆるケースにおいて、何かの人間的ないし物質的感覚の法則が働いていることに気づくことでしょう。それは伝染や感染の法則かもしれませんし、腐敗や破壊の法則かもしれません。いつも何らかの種類の法則が人間的に主張されてきましたが、それは催眠の実体としてのみ認識されるべきものです。

問題は臓器や機能の病気の一つかもしれませんが、そのとき、葉や茎が植物の生命を統治するのではなく、生命がそれを統治しているように、肉体の臓器や機能が生命を統治しているのではないのです。生命が肉体の臓器と機能を統治しています。生命が流れているかぎり、植物は繁茂し、葉と茎は生命力の外部の表現なのです。

同様に、生命を決定しているのは心臓、肝臓、ないし肺ではありません。神が生命であり、その生命は肉体の器官や機能に影響されることができません。それゆえ、それらが物質医学によって主張されている法則に従って働いているのかどうかを、気にする必要はないのです。この法則を反転し、生命が肉体のあらゆる活動を統治していることに目覚めることによって、生命が調和と苦痛のなさを実現します。肉体の真の統治をこのように理解しているので、あなたは肉体のレベルには降りて来ないのです。あなたはただ、生命が肉体を統治しているという理解によって、肉体が生命に影響するという信念を訂正しただけです。心臓は生命がそれを鼓動させなければ、鼓動することはできないでしょう。消化器官や排泄器官は、もしこれらの器官に浸透し、それらの中で、それらの上で、それらを通じて働く知性と生命がなければ、働くことはできないでしょう。

肉体の器官と機能は恐れられるべきではありません。それらはそれ自身の内部に破壊、死、病気のパワーをもっていません。なぜなら、あらゆる人に内在しているものは神のパワーで、それらは死んだ肉体、死んだ器官、死んだ機能、死んだ筋肉でさえも復活させるのです。個人の意識の中に復活のパワーがあるのです。

神の言葉が肉体になります。それは肉体になるときに、その性質を変えるでしょうか？　いいえ、水が氷になったり、蒸気になったりするとき、水がその性質を変えないのと同じです。どちらの形態でも、それは水の特性を保持しています。同じことが、**神の言葉**が肉体化するときにも言えます。それはその性質を変えません。自己創造し、自己維持する実体のままで、それ自身の中にその形態の法則、原因、活動を含んでいます。

存在するすべてを統治する原理としての神、唯一の実体で唯一の法則としての神への目覚めが、世界が病気、罪、恐れ、死と呼んでいる見かけを解消するのです。あなたが観念や信念の立場から生きているとき、あなたの経験はこれらの信念が顕現したものです。しかし、意識の中で真理の活動があるとき、神の言葉が調和的存在として肉体化するのです。

このことはいつも簡単にできるわけではありませんが、見かけについてあれこれ考えるという誘惑があっても、それを暗示や催眠と認識し、即座に神のほうへ向いてください。あなたの治療を神と呼ばれるサークルの中に維持し、あなたが知ることは神についての真理であるようにしてください。物質的肉体についてどんな真理もないのです。なぜなら、それは観念にすぎないからです。**神は存在するすべてのものの活動原理ないし法則です**。この声明を軽く扱いすぎて、見過ごさないようにしてください。なぜなら、日々毎時間あなたは、「この世界」の法則に出会うからです。しかしあなたの治療は、「神が法則です」、なのです。

神は無限であるゆえに、法則は無限です。それゆえ、存在しうる唯一の法則はスピリチュアルな法則です。そして、そのスピリチュアルな法則は個人の経験の中で活動している唯一の法則であり、存在と肉体を動かしています。克服すべきどんな物理的法則も、メンタルに関する法則も道徳的法則もありません。私はただ唯一の法則だけを認識し、それは神の無限の法則で、それは永遠に無限に遍在しています。神であるその法則は全パワーです。それは他の法則と対抗する必要がありません。それはそれ自身が唯一の法則で、全法則でスピリチュアルな法則で、それ以外にどんな物質的法則も道徳的法則も、メンタルに関する法則も物理的法則もありません。唯一の法則だけがあり、その法則とは神です。

物質的法則やメンタルに関する法則や道徳的法則など、どんな法則も克服しようとしないでください。あなたは常にたった一つの法則しか扱っていないことを認識してください。それに反してそこにあるかもしれないどんなものも、法則の**物質的感覚**にすぎません。あなたが唯一の法則としてスピリチュアルな法則を認識すれば、他のすべての法則の「主張」は解消するのです。

どんな性質の問題が現れても、即座に物質的感覚ないし催眠としての、その「主張」の性質を意識してください。そのとき、人々、状態、状況のすべてのイメージを消去するために、**神という言葉**が意識に中に同時に入って来なければなりません。

私はある人から私に来た電話を思い出します。その人は毒のツタにからまってしまい、よくある苦痛な症状を示していました。それはあまりに素早かったので、意識的な思考ではなかったのですが、すぐにやって来たのは、「神は作られたすべてを作ったので、神が、存在しているすべての構成要素ないし性質であり、それゆえ、唯一の結果はその神の性質に調和している何かでしかありえない」というものでした。

見かけによれば、人間の信念によれば、私たちが神と結び付けている善のように見えない性質があり、それを否定することは役立ちません。なぜなら、人間のイメージに関するかぎり、それはきわめて明白だからです。しかしながら、「無限の道」では見かけを扱いません。この教えの中でのまさに治療の本質は、「うわべで人をさばかないで、正しいさばきをするがよい」（ヨハネ7章24）ということです。もしあなたが見かけによって判断するなら、この世界のパワーに巻き込まれることでしょう。

物質的不調和の見かけを否定しないでください。しかし、あらゆる形態の実体としての神を認めてください。その形態がバラの茂みとして現れようが、毒のツタとして現れようが、神はその形態の実体として常に現れているのです。あなたが見かけを見通して、根気強く練習することで訓練しないかぎり、神が、存在するあらゆるものの活動原理である、ということを理解することは困難かもしれません。その見かけは、毒のツタ、バラ、腫瘍と呼ばれるかもしれませんが、**どんな「それ」もないのです**。真実はと言えば、神が存在するすべての実体であり、法則です。

形態の実体としての神に至るまで見かけを見通すことができるとき、毒のツタを眺めても、腫瘍を眺めても、恐れることはないでしょう。なぜならそのとき、これらは、罪、病気、恐れ、心配、憎しみ、ねたみ、嫉妬、悪意が触れることができない不滅の実体の誤解釈にすぎない、とあなたは理解するからです。この不滅の実体は、それ自身の内部に自己-創造と自己-維持のパワーを保持しているのです。次のことを日々の理解としてください。

私の体は善の性質と量も、また悪の性質と量ももっていません。それは病気も健康ももっていませんし、大きくも小さくもありませんし、生も死ももっていません。私の体は神の寺院で、形として神-実体が表現されたもので、神、「私は在る」、魂を構成しているすべての質と量を具現化し、含んでいます。私の肉体は若さも年齢もありません。それは神と同じくらい古いもので、日々の新しい日と同じく若いものです。

私の体は物質の法則やマインドの法則ではなく、神の恩寵によって統治されています。というのは、「神の国と力と栄光はとこしえまで、天の父なる神、あなたのもの」だからです。神は私の体の光です。私の体の中には、物質的暗さもメンタルに関する無知もありません。というのは、神は私の肉体である自分の聖なる寺院への光だからです。神は肉体として、寺院として、神聖さと平和の場所として、自分自身を展開し、開示し、啓示しているのです。神の恩寵が神の肉体を維持し、支え、それが私の体です。

10章　スピリチュアルな展開——人間の誕生でも死でもなく

神の創造においては、太陽がある前に光があったのです。神の創造では、種が植えられる前に作物があったのです。言い換えるなら、物質的プロセスが何もなかったのです。それがメルキゼデク（旧約聖書の登場人物。「創世記」14章18で、「いと高き神の祭司」、並びに「サレムの王」と呼ばれている）の秘密です。メルキゼデクは父も母もいませんでした——彼の誕生には物質的プロセスが何も関係していませんでした。あなたは、これがあなたと私の本当の人生であることがわかりませんか？　私たちの本当のアイデンティティは、私たちはメルキゼデクであり、父も母もいないということがわかりませんか？「地上のだれをも、父と呼んではならない。あなたの父はただ一人、すなわち、天にいます父である」（マタイ23章9）

アダムの夢の中では、次から次へと誕生があります。しかし、私たちの本当のアイデンティティでは、誕生と死のどんなプロセスもないのです。常に**「私」**だけがあります。

「私」は自分の後ろに立っています。「私」はこの「自分」と呼ばれている人と、「自分の体」と呼ばれている物に起こっているすべてのことを知っています。しかし、「私」はそれと一体化しません。「私」はここにいます。私が自分の母親の子宮の中で懐妊される前に、「私」はここにいました。そして私が、死ぬという経験を通過することがあるとしても、「私」はここにいることでしょう。「私」はここにいて、それを観照することでしょう。死は私の体に起こっている経験になるでしょうが、でも「私」に起こるのではありません。ちょうど、私の誕生が私の「私」に起こったのではないのと同様に。

「私」は、私が「私」であることを知っていますが、自分がこの形態をとり、子ども時代から青年時代へ、青年時代から大人へ、若者から成熟した大人へと、体を変容させたことも知っています。この変容のプロセスは、いつか私が肉体のこの感覚から進化して、私の体の本当のアイデンティティ、ないし形態になるときまで続くことでしょう。なぜなら、「私」がいて、私はその「私」だからです。「私」は観照者として立っています。

「私」は人としての自分自身に気づいています。「私」は自分の体に気づいています。「私」は人としてのあなたに気づいています。「私」は人としてのあなたは体をもっていることに気づいています。そして「私」が、あなたの本当のアイデンティティに気づいているとき、あなたの目の背後にあるあなたの現実をほとんど感じることができます。それがあなたで、あなたはそこにいます。外側に見えるあなたの体は、表現という目的のために、あなたがこの経験の中で引き受けている形態にすぎません。

妊娠することと子どもを産むことは人間の信念による観念にすぎません。現実には、妊娠と誕生と呼ばれているものは、神がそれ自身を展開し、開示し、啓示しているのです。生まれなかった子どもや新しく生まれた子どものケースを扱うとき、しばしばまさに最初に私に来ることは、この世界のどこにも、子どもといったものはいない、ということです。充分な経験のない人たちにとっては、これは非常に奇妙で驚くべきことのように思えるかもしれませんが、少しの間、立ち止まって考えてみてください。神は常に完全なる成熟の地点にいます。つまり、神は常に完全なる完璧さの地点にいます。もし成長したスピリチュアルなヴィジョンをあなたがもっているなら、種が地面に蒔かれる前に、収穫はすでに完成していることを知るでしょう。

子どもについても同じなのです。

当然、あなたは次のように尋ねることでしょう。「だったら、なぜ私たちは人が成長する――幼児から大人へ、大人から老年へ――のを見るのだろうか？」と。私たちが目撃しているのは、人間の誕生、成長、成熟という観念の展開であって、スピリチュアルな存在、神の子の誕生や成長ではないのです。それは一本のフィルム上で、すでに完成した映画を眺めるようなものです。それが時間と空間の中で初めから終わりまで展開するのを、私たちは眺めます。しかし、私たちが鑑賞している映画は、それがスクリーンに映し出される前に、完成しているイメージであることを覚えておいてください。それは単に私たちが見るために、時間と空間の中で展開されるだけです。

同じように、幼児の成長は、神が時間と空間の中に展開しているのです。実際、それは最初から完全なる成熟さ、完成された存在をもっていたのです。それは常にそうでありましたし、常にそうであり、常にそうであることでしょう。こういった理解が、すべての生まれなかった子どもたちと新しく生まれた子どもたちのケースへの治療です。神は妊娠されることができません。神は生まれることができません。神の生命も神のマインドも神の魂も、妊娠されることはできません。それはただ個人の存在として、展開されることができるだけです。

人間の領域では、男と女の種があります。誰もこの種がどうやって個々の個人に植えられるのか、本当には知りません。しかし、生命それ自身以外に、何が個々の人の中でそれらの種を植えることができたでしょうか？　それらは生命の産物ではないでしょうか？　生命がこれらの種を創造したのです。そして、生命はその種を通じて機能し、だからそれは種のままに永遠に留まらないのです。生命のこの活動を通じて、種はその形態を変化させ、やがてこれらの変化した形態が生きた証人になるのです。父と母が子どもの創造者だったでしょうか？　それとも、両親は自分たちを通じてその子どもが表現へ入って来るための、単なる通路ないし道具でしょうか？　人間の立場から見てさえ、創造の背後にスピリチュアルな、ないし目に見えない力があり、それが種を創造するのです。

もし神がその力なら、そのときには私たちが受け継ぐことができるすべては、父‐母‐神のものであり、**唯一の生命**の放射で、**唯一の生命**がそれ自身を表現し、それ自身を啓示し、それ自身を実証し、それ自身を個人的に普遍的に、非人間的に公平に維持しているのです。そういった個人化が**源泉から**受け取るものは、必ずその源泉の特質をもつことは確かです。神の特質、性質、性格が、個人の人生の中でそれが表現されることによって、顕現されるのです。

確かに、人間性の見かけがあります。確かに、神から分離した自己性の「主張」があります。遺伝が原因であると「主張」する問題が起こったとき、神という考え、**唯一の生命**と聖なる遺産の性質を考えてみてください。神霊、生命、真理、愛、調和、喜び、平和、パワー、そして、統治としての人間の聖なる遺産に目覚めてください。

次のような聖書の真理の言葉を思い出してください。「私たちは神の子である。もし子であるなら、神の相続人であり、キリストの共同の遺産相続人である」（ローマ人への手紙8章17参照）。であるなら、生命と愛以外、どんな遺伝の性質がありうるでしょうか？

あなたは、「地上のだれも、父と呼んではならない。あなたがたの父はただ一人、すなわち、天にいます父である」（マタイ23章9）が、何を意味するか理解していますか？　もしあなたがこの地上の誰のことも自分の父親と呼ばないなら、あなたにはたった一人の親しかいないのです。あなたは地上に両親をもっていないのです。ですから、あなたの血統は白人でも黒人でも黄色人種でもなく、東洋でも西洋でもありません。あらゆる人が同じ親をもっていて、その親とは聖なる父であり、一なるスピリチュアルな創造的原理です。あらゆる人が神の子です。中には他のものよりも教育を受けた者たちもいます。より物知りの者やより文化的な者たちは、環境的状況によって作られた外側の成長にすぎません。唯一の父、唯一の創造的原理だけがあり、あなたはすべての天の豊かさの遺産相続人なのです。あなたは自分自身で何かであるわけではなく、神の子であることによって、あなたは神であるすべてなのです。あなたは神がもっているすべてをもっています。なぜなら、「子よ、あなたはいつもわたしと一緒にいるし、またわたしのものは全部あなたのものだ」（ルカ15章31）、であるからです。

あなたがこの聖なる神の子の原理を応用しようとするとき、自分の経験と自分のまわりの人たちの経験の中にある制限に気づくようになります。見かけ上、あらゆる人は何らかの時期に、おそらくは遺伝か生まれた環境が原因である、何かの種類の不足を経験するものです。知性の不足、機会の不足、教育の不足、経済的安定の不足、適切な表現手段の不足など。あなたがその真理を確信するまでこの教訓の意味を考察するとき、あらゆる見かけの制限にどう対処するかを理解することでしょう。

五感は制限を証言するかもしれませんが、私は、私と父が一つであり、父がもっているすべてのものは、私のものであることを受け入れるだけです。私は自分が聖なる神の子であること

を受け入れました。私はすべての天の豊かさ――知性と無限の機会――に対する、神の遺産相続人としての自分自身を受け入れました。神は自分の愛する者たちに、どんな善きことも差し控えないことでしょう。

以上のことを熟考し、それをいつも自分のマインドの中に維持してください。制限が何週間も何ヶ月間もしつこく続く日々があるかもしれませんが、それはあなたの試練の期間です。あなたは見かけを信じ、受け入れるつもりですか？　それとも、自分の確信にしっかりとしがみつくつもりですか？

神の聖なる子どもはどんな形態でも制限というものをけっして知りませんでしたし、けっして知りませんし、けっして知ることはできないのです。神が私の父です。神は創造的原理で、子は父のすべての知性と知恵の遺産相続人です。神は子の質であり量であり、子の本質です。私は神の家族の出身です。私は神の子孫であり、人間の子孫ではありません。

あなたにはどんな地上の血統もなく、神霊があなたの創造的原理であるという真理の黙想が、あなたを人間性の制限から解放するのです。もはやあなたは、人間的に経験する時代や潮流に影響を受ける人間性のレベルで動かないのです。あなたはその上へ引き上げられ、最終的にはあなたは、両親と子どもの間にある基本的人間関係のようなものとして、スピリチュアルな関係を認識し始めます。

ちょうど本書のメッセージが私のものではなく、道具としての私を通じてやって来るように、両親も彼らを通じて、その子どもたちが出て来るための道具にすぎません。あらゆる人の人間的経験の中で、両親は状況の必要な部分ではありますが、彼らは創造者ではありません。神が創造者であり、両親はそれを通じて、神が活動し神の子を地上へもたらすための道具なのです。

存在する唯一の生命は神であり、生命が物質的信念に支配されていないと認めることは、あなたの体の生命と活力を絶対的に完璧に維持する方法です。そのとき、生命は物質的状況やメンタルな信念の支配下にありません。つまり、そのときそれは、法則と生命である神それ自身だけに支配されているのです。

私たちが神と呼ばれているサークルの中にいるとき、あなたは何を見ますか？　生命です。生命は何歳ですか？　その生命はどれくらい続いていますか？　生命の本質は何ですか？　スピリチュアルなヴィジョンの立場から、あなたは生命について何を知っていますか？　老いや衰弱で苦しんでいるように見える人に直面しているとき、あなたのところに他のどんな言葉よりも頻繁にやって来る言葉が、「生命」という言葉です。再びあなたは「生命の本質とは何ですか？」と尋ねることでしょう。すると答えがやって来ます。

神が生命です。神である生命の中には年月はありません。生命はそれ自身の中に、それ自身の永続化の種をもっています。それはそれ自身の中に、継続、不死、永遠性の法則をもっています。神のこの永遠で不死の生命は、個人の存在として実現しています。扱うべき年齢はありません。なぜなら、私は改善したり引き延ばしたりすべき人間の生命をもっていないからです。ただ私は眺めるべき神の生命をもっているだけです。

人間的意味での生命やその喪失を恐れてはいけません。人間的意味での生命は、あなたの本当の生命ではありません。あなたの本当の生命は、あなたの魂の中であなたが生きている生命です。それが、あなたの生命であなたの本当の存在です。肉体はその生命の統治者ではなく、その生命が肉体を統治しているのです。生命が実際の肉体の活動原理です。肉体はあなたに影響を与えません。あなたが肉体に影響を与えるのです。肉体はあなたの生命への法則ではありません。あなたの生命があなたの肉体への法則です。肉体は意識をコントロールしていません。意識が肉体をコントロールするのです。

しかしながら、どんな宗教も教えも、それがどれほどスピリチュアルであっても、人々をお互いの光景の中で地上に永遠に留めておくことはありません。すべての人たちが必然的に人間の光景から過ぎ去っていきます。しかしながら、彼らがより悟りを獲得するにつれて、この通過は悲劇的経験とは見なされないのです。なぜなら、人がこの形態でこの次元に永遠に留まるのは、聖なる計画ではない、と啓示を受けた人たちは理解しているからです。

ちょうどあなたが幼年期と子ども時代から成長するように、そして、青年時代が中年になるように、同じようにあなたはこの人間的全経験から成長するのです。あなたがこの現在の経験にしがみつくために戦うのでないかぎり、その移行は進化的ステップとなることでしょう。できるだけ早く、恐怖心をもたず、またそれがまるで何か美しいものの終わりであるかのようにでもなく、死という経験を眺め始めてください。それは終わりではありません。それは始まりなのです。それは一つの局面の経験の終わりで、別の局面の始まりにすぎないのです。

もし地上の生命が継続的経験であるという運命になっていたとすれば、確かに、アブラハム（紀元前二千年頃の人。イスラエルの民の祖）、イサック（アブラハムの子）、ヤコブ（イサクの次男でアブラハムの孫）、モーセ、イライジャ（紀元前九世紀のヘブライの預言者）、エリシャ（紀元前九世紀のヘブライの預言者）、イエス、ヨハネ、パウロ、クリシュナ（ヒンドゥー教の神）、仏陀、老子（中国春秋時代の思想家。道家の祖）といった、生命に貢献した人たちは、今でもここで目に見えていることでしょう。しかし、彼らの理解すべてによって、そして人類の幸福に対する彼らの偉大な貢献によって、一人ひとりが順番に人間の経験からより広い活動の分野へ移らなければならなかったのです。同じことがあらゆる人間にも言えるのです。

まるであらゆる人を地上にただ永遠に留めておくことが目的であるかのように、ヒーリング・ワークを眺めないでください。それがその目的ではないのです。その目的はスピリチュアルな再生であり、そうすれば、魂が拡大するにつれて、おのおのの個人がただ地上だけではなく、この地上を去るときにもより高い経験をするための準備ができるのです。私が今名前を挙げた人たちと、私が名前を挙げることができるその他の無数の人たちは死んでいる、と一瞬でも信じてはいけません。彼らが目に見えていたときのように今はもう生きていない、とけっして信じないでください。彼らは今も自分たちのスピリチュアルな活動を続けていることを、けっして疑わないでください。というのは、今日為されているようなスピリチュアルな進化に責任を負っているのは、彼らだからです。彼らが意識の中に投げ込んでいるのは真理です。つまり、彼らが生きた、そして今でも生きている真理のおかげで、スピリチュアルな道にいる人たちが真理を垣間見ることができ、だから、こういった人たちの言葉が今も生きているのです。マスターが言ったように、「わたしの言葉は滅びることがない」（マタイ24章35、ルカ21章33）。スピリチュアルな意識に充分高く上った人たちは、書かれた言葉を通じて、意識の中に取り入れられているスピリチュアルなメッセージを受け取り、受け入れるのです。

あなたの内部に（スピリチュアルなメッセージの）授与が到着するたびに、それは神からやって来ます。しかし、神は自分の個々の形態から分離し、別れているのでしょうか？　いいえ、神は個人的あなたと私として永遠に表現していて、その表現は永遠に続きます。一人ひとりが内なる神秘的経験によって、自分自身でこれを発見することができ、あらゆる時代の神秘家たちの確信に満ちた説明の中に、確証を見付けることができます。神秘家たち――新約聖書だけでなく、旧約聖書の先生たちや預言者たち――は、非常に明確でシンプルなやり方でこれを説明したので、そのメッセージはけっして失われるべきではありませんでした。しかし、その単純さゆえに、人々はその重要性に盲目になったのです。「わたしは決してあなたを離れず、あなたを捨てない」（ヘブル人への手紙13章5）、「アブラハムの生まれる前からわたしは、いるのである」（ヨハネ8章58）、「わたしは世の終わりまで、いつもあなたがたと共にいるのである」（マタイ28章20）

旧約聖書、あるいは新約聖書の中で、**「私（わたし）」**という言葉に関連するあらゆる聖書的約束は、あなたの不死を請け合っています。どうしてあなたの存在の中の**「私」**から、自分自身を分離することができるでしょうか？　誕生もそれからあなたを分離しませんでした。死もそれからあなたを分離しないことでしょうし、事故もそうしないことでしょう。**「私」**は誕生から始まったのではないのです。**「私」**は死で終わらないのです。というのは、アブラハムが生まれる前から、**「私」**はあなたと一緒にいるからです。イエスは「自分はあなたと一緒にいるだろう」とは言いませんでした。彼は、**「私」**はあなたと一緒にいる、と言ったのです。彼は「アブラハムの生まれる前からわたしは、いるのである」と、言ったのです。もし彼が「時の終わりまで、イエスがいつもあなたと一緒にいるだろう」と言ったとしたら、今日キリスト教は存在していなかったことでしょう。なぜなら、イエスは今日この地上を歩いていないからです。

あなたもまた**「私」**と言うことができ、それを自分自身の内部に常に発見することができます――あなた自身の中に、**「私」**を発見することができます。あなたが病気のとき、**「私」**がそこにいることを発見します。あなたが自分の最後の瞬間にやって来るときも、**「私」**があなたと一緒にそこにいることでしょう。死と呼ばれる境界線をあなたが渡るとき、**「私」**があなたを運んで渡すことでしょう。なぜなら、**「私」**、あなたの個人的アイデンティティはけっして消え去らないからです。

いったん自分の存在の**「私」**、あなたの永遠のアイデンティティとして神の所在を確認したなら、あなたは何も恐れることがありません。もしあなたが地獄で自分の寝床を作るとしても（「わたしが陰府に床を設けても」詩篇139篇8参照）、**「私」**はいます。もしあなたが死の陰の谷を歩いていても（「たといわたしは死の陰の谷を歩むとも」詩篇23篇4参照）、**「私」**があなたと一緒にいることを意識的に覚えているかぎり、何も恐れることがありません。もしあなたが砂漠で道に迷っても、**「私」**はあなたのために荒野で食卓を準備することでしょう。それはあなたをオアシスへ導き、あなたがそのオアシスを見付けるまで、あなたを調和的に保つことでしょう。**「私」**、**「私」**、**「私」**、あなたの存在の中心にいる**「私」**がそうするのです。

スピリチュアルな王国の中では、未来形はありません。たった一つの声明だけをただ覚えておいてください――スピリチュアルな王国、神の王国、平和、喜び、パワー、統治の王国では、未来形はない。時間といったものがないのです。ただ永遠の今だけがあり、その永遠の今の中に、**「私は在る」**のです。人間的意味にとっては、これは臨終かもしれませんし、砂漠で迷うことかもしれませんし、海洋で漂流することかもしれませんし、あるいは、燃えさかる建物の中で息苦しくなっていることかもしれません。見かけはそう証言するかもしれませんが、それに対する答えは**「私」**-**「私は在る」**、です。どんな未来形もありません。あなたが過去に救われることができないように、未来に救われることもできないのです。

時計やカレンダーが何を示していても、違いはありません。それでもまだ今で、常に今でしょう。そして、あなたの中の**「私」**があなたを救済するのも、この今においてです。あらゆる問題への答えは、**「私」**という言葉と**「今」**という言葉です。「**私は、今、在る**」。私は今、私の父の仕事に従事している最中です。そして、私の父の仕事とは何でしょうか？　それは、神の栄光を称えることです。あなたが生きて健康であるのは、神の栄光が顕現することができるためです。それが、あなたが存在している唯一の理由です――神の恩寵が目に見えるようにされるためです。

恐れる人はどんな神ももっていません。恐れは神の存在の否定です。恐れはどんな神もないという確信です。あなたが神をもつとき、あなたは恐れをもつことができません。あなたは何を恐れるというのでしょうか？　死の陰の谷を歩くことでしょうか？　なぜあなたはそれを恐れるのでしょうか？　あらゆる人がいつかこの次元の意識から出て行くのではないでしょうか？　あらゆる世代が、十八歳、十九歳、二十歳の若者――少年と少女――を、殺されるために前線に送りませんでしたか？　大人たちは若者たちに対して、それをすることを恐れませんでした。だったらなぜ彼らは、自分たちがこれらの若者たちに命令したのと同じ経験を恐れるのでしょうか？

この風景から消え去ることは死ではありません。それはそれを恐れる人たちにとってだけ、死となります。彼らは目覚めて、自分の恐れがどれほど不必要だったのかに気づき、この風景から消え去ることは移行的な経験にすぎないことを発見します。誰もそれを通過しなければなりません。あなたや私はその例外である、私たちはそれを免れる、とあなたは思っているのですか？　あなたと私はその同じ経験をすることはない、とあなたは思っているのですか？　私たちもそうなることをけっして疑ってはいけません。なぜなら、人が永遠に子どものままでいることや、三十歳に留まることが神の計画でないのと同じように、人が地上に永遠に留まることも、神の計画ではないからです。もしあなたや私が神なら、あらゆる人が三十歳や三十五歳という魅力的でハンサムなままにずっと留まるように手配したいと思うことでしょう。それは私たちが考える理想の世界で、もしそれが本当であるなら、神もそのように計画されただろうことを私は確信しています。

私たちは永遠で不死の人生を生きています。私たちが六歳だろうが、六十歳だろうが、六百歳だろうが、私たちはまだ生きています。肉体は、幼児の肉体から子どもの肉体へ、少年期の肉体から青年期の肉体へ、大人の肉体から私たちが中年と呼んでいるものへ変化しますが、それはけっして老年の肉体になるべきではないのです。それは本当に成熟した肉体で常にあるべきです。それから、存在の次の局面の中へまさに歩いて入る、あの移行的経験がやって来ますが、それはこの次元の継続にすぎません。

この世界から出て行くとき、人の存在の状態は何でしょうか？　一つのことが確実です。スピリチュアルな道にいない人たちは、死ぬという単なる行為によってスピリチュアルな道に置かれるわけではない、ということです。彼らが目覚めるとき、ここを去ったときとまさに同じ意識の状態にいる、と想定しても差しつかえないことでしょう。しかし、スピリチュアルな道にいる人たちは、彼らがどれほどわずかしか進歩しなかったように見えても、死ぬというまさにその行為によって、彼らがここ地上で経験したよりも高い環境に即座に引き入れられることを、私は想定からではなく、経験から知っています。言い換えるなら、もし彼らがスピリチュアルな道にいるなら、死ぬというまさに行為が、大量の物質的存在感覚からの解放なのです。だからといって、このことは、その解放に到達するために窓から飛び降りることを意味してはいません。なぜなら、それはただ物質的感覚を増やすだけだからです。しかし、死ぬというまさに行為は、それが病気や事故でもたらされるときでも、スピリチュアルな道にいる人たちを物質的存在感覚から解放するので、彼らはより高い意識に即座に入るのです。

究極的には、あらゆる人がやがて完全なるキリスト－覚醒に到達します。どれくらいの日々、週、月、年あるいは永劫が必要とされるのか、どれほど私たちが学ぶための別の機会のために、人間的感覚の存在に戻らなければならないのか、そのことはおそらくどんな人も知ることができません。

　確かなことは一つです。あなたはスピリチュアルな道に入ることを選んだのではない、ということです。あなたは人間としてそんなパワーはもっていません。実際の話、人間としては、あなたはこういう生き方を拒否したかもしれないのです。なぜなら、スピリチュアルな人生はあなたの**物質的豊かさ**を増やさないからです。それは**スピリチュアルな豊かさ**の世界を開くのです。ですから、スピリチュアルな手段によって、自分たちの肉体的健康、物質的豊かさを増やすことができると信じている人たちは、多くの教訓が彼らを待ち受けています。おそらくその最初の教訓の一つは、彼らが目的としての物質的豊かさを捨て、神‐覚醒への願望を自分の目的として受け入れれば受け入れるほど、彼らの肉体的健康と物資的豊かさが増えるということです。これらは付け加えられるものであって、目標ではないというのが真実です。スピリチュアルな人生の目標は、神のイメージと似姿の中で目覚め、キリスト、神の子としてのあなたのスピリチュアルなアイデンティティに覚醒することです。

11章　一つであるという関係

あなたの世界と私の世界は、私たちの意識が外側に描かれたものです。その意識に真理が吹き込まれるとき、私たちの世界は調和、秩序、繁栄、喜び、平和、パワー、統治を表現します。私たちの意識の中に真理が欠けているとき――世俗的価値と世俗的信念を受け入れるとき――そのとき私たちの世界は、世俗的信念の偶然、変化、運という性質の様相を帯びるのです。すべての状況は、関係するその個人の意識の活動を反映します。

あなたの世界はあなたの意識の中に実現します。それはあなたの意識を反映します。なぜなら、あなたの意識があなたの世界を統治しているからです。あなたが真理に気づくことが、あなたの世界の法則です。その一方で、同様にあなたが真理に無知であることが、あなたの世界の法則ともなります。どんな闇の法則もありません。なぜなら、闇は光の存在によって消滅させられることを、あなたは知っているからです。しかし、光がないと、闇がその存在を主張します。同様に、あなたの意識の中に真理が欠けていると、無知、嘘、見かけ、不和、そして、不調和が存在を主張します。それゆえ、あなたの意識の中で真理の活動が欠けていると、あなたの世界は偶然、運、人間的信念、医学的信念、ないし占星術的信念を反映することでしょう。しかし、あなたの意識の中で、あなたの意識として真理が活動すれば、そのおかげで、その真理の活動があなたの世界のあらゆるものの調和の法則となり、あなたに関するあらゆるものが、あなたの意識の調和を反映するようになるのです。

仮にあなたが部屋いっぱいの人たちに面している状況にいて、あなたはその人たちと何らかの立場――彼らに話す、指示する、あるいは、奉仕する立場――で、働かなければならないとします。あなたが彼らを見るとき、彼らは様々な見かけの姿を提供しています――善い人、悪い人、病気の人、健康な人、金持ちの人と貧乏な人。あなたはこういったすべての人たちと、どうやって一つであるという感覚を確立できるのでしょうか？　他のあらゆる人との調和を感じることは、第一に、あなたは内部の神霊と接触し、自分自身の完全さを発見することを意味しています。つまり、あなたは内なる父と接触しなければならないのです。そうすると、あなたは自分の意識の範囲内にいる他のあらゆる個人と、自動的に一つになります。

これは「無限の道」の原理を応用するあなたの機会です。部屋の中のあらゆる人を通じて神を眺めてください。

神はあらゆる個人の活動原理です。神はここにいるあらゆる人のマインドであり、人として表現している知性です。神は唯一の愛で、神は無限で、神は愛そのものです。それゆえ、神は個々の存在の愛です。そして、どんな個人も、神である愛に満たされているので、憎しみ、嫉み、嫉妬、悪意の道具として使われることはできません。

そういった理解があなたを人格から引き上げ、純粋な存在の領域へと引き上げるのです。あなたは誤解の証拠に直面するかもしれませんが、見かけが何であれ、何の違いがあるというのでしょうか？　見かけがあなたのマインドに、偽ってそれ自身を押しつけているまさにその場所で、**神がいる**のです。あなたは信念、人、あるいは、状況ではなく、ただ神だけを扱っています。

怒りの犠牲に陥った人たちに出会ったり、今にも攻撃する体勢でいる凶暴な動物に出会ったりするときに、本当の実体ないしアイデンティティとしての神に目覚めること——本当の存在——唯一の法則、唯一の実体、唯一の原因、唯一の結果としての神に目覚めることだけに固執することによって、私たちがヒーリングと呼んでいるものが起こることが、何度も何度も繰り返し証明されてきました。この治療のメソッドはけっして神の領域を離れませんし、人間、状態、状況のレベルにけっして降りて来ることもありませんし、失業、罪、病気を考慮に入れることもありません。

これは善でこれは悪であり、これは神のものであり、これは悪魔のものであると言うことは、非常に簡単なことです。しかし人や状況が、あなたを礫にするパワー、あるいは、あなたを自由にするパワー、あるいは、あなたにトラブルを与えるパワー、これやあれをあなたにするパワーがあると主張するとき、あなたは自分の立場を明確にし、次のことを理解しなければなりません。

私の存在はキリストの中にあります。私がキリストの中に自分の存在を維持しているかぎり、ただキリストだけが私の意識の中で活動することができます――それは唯一の意識であり、世界のあらゆる人の意識です。

言い換えるならこの世界を眺めて、善にしろ悪にしろ、人々や状況があなたに対してパワーをもっていると主張しているのを見るとき、そのときあなたの存在はキリストの中にあり、ただキリストから霊感を受けたものだけが、あなたの物事に影響を与えうることを、再確認しなければなりません。

数年前、私は悩んでいました。そのとき、私を憎む人たちを愛さなければならない、感謝知らずの者たちに愛を与えなければならないという思いが、私にやって来たのです。そのときの私の答えとは次のようなものでした。「父よ、私にはそれはできません。私はどうやってそれをやったらいいのかわかりません。確かに、私が偽善者になって、私を憎んでいる、非難している、批判している、そして、私と戦っている人たちを愛しますと言うこともできます。しかし、私はあなたに正直に申し上げますが、私にはそれはできません――私はどうやって彼らを愛したらいいかわからないのです。確かに私は、彼らに敵対的感情はもっていません。なぜなら、私は彼らの動機を知っているので、彼らを責めないからです。もし私があなたの無限の愛への理解をほんの少しでももっていないならば、私だって、彼らの立場に立てば、同じことをしているかもしれません。ですから、私は彼らに対して判断、批判、非難の感覚はもっていません。私は、『父よ、彼らをおゆるしください。彼らは何をしているのか、わからずにいるのです』（ルカ23章34）と言うことさえできます。でも、彼らを愛すること（！）は無理です。正直に言えば、私は自分が彼らを愛していると言うことができません。私はただそれができないのです。もし愛することがあるはずなら、あなた、神が私を通じて彼らを愛することができるその通路に、私は喜んでなります。もしそれを手配してくださるなら、そのようにさせてくださ い。でも、私に彼らを愛するように頼まないでください。なぜなら、それは私の能力を超えていますから」

一分以内に、私は美しい平和の中に落ち着き、眠って、目覚めたときは完全に癒されていました。感謝知らず、不正、虚説、嘘を愛することは不可能です。しかし、私たちは次のように言って、神が乗っ取ることを喜んでゆるすことはできます。「神よ、不倫をした女性と十字架の上の盗人をゆるすことができるあなたは、こういった人たちも愛することができます」

私がした実証のために何が要求されたでしょうか？　それは、自分自身を「無にする」能力、つまり、「自分の敵を愛している」などと、独善的に思ったりしないことだったのではないでしょうか？　あなたが「私は敵を愛している」と言うとき、それは独善です。私たちは、神が愛を為すように、そして、神の愛が私たちの友人へ、そして、私たちの敵にまで流れるための道具に、自分が喜んでなるようにしなければなりません。

世界には善人と悪人、公正な人たちと不正な人たちがいますが、あなたが神のサークルの中へ上って入るとき、神はすべての人たちの原理であることを発見します。神は人々の唯一の原理であり、すべての人々の活動する愛、生命、真理です――あなたのビジネスにおいても、あなたの社会的関係においても、あなたの家庭においても。

あなたの家庭は、家庭についてのあなたの意識からできています。あなたは自分の家の門番で、家に入って来る権利のないものが戸口を通過しないように見張るために、戸口のところに警戒して立っているべきです。しかしながら、この戸口は物質的戸口ではありません。そこにある唯一の戸口は、意識の戸口で、あなたが責任をもっている唯一の戸口は、その戸口です。

あなたは自分の戸口、つまり、あなたの意識を、何が通過することをゆるすのでしょうか？　あなたは自分の家庭に、伝染や感染をパワーとしてゆるし入れているのでしょうか？　あなたは不和や口論の仲間でしょうか？　存在の真理以外何も意識の入口へ入ることができないということ、そして、それが物理的であれ、物質的であれ、メンタルであれ、人間的パワーのどんな暗示も法則ではないということを、あなたは日々理解するべきです。あなたの家庭に入って来るどんな信念も、最初にあなたの意識を通じて入って来なければなりません。そして、あなたの意識の中の存在の真理は、侵入するどんな偽の信念に対しても、破壊の法則として行動することでしょう。

あなたの意識の範囲の内部にやって来るあらゆるものは、その意識の性質と性格を帯びるのです。あなた自身の人生は、あなたの意識の戸口を通過するものに影響されるだけではなく、あなたの意識へ自分自身を連れて来るあらゆる人たちの人生も影響を受け、それにはあなたの家族のメンバー、ときにはあなたの共同体や教会のメンバーも含まれます。こういった人たちはパンを求めて、あなたを頼みにします。彼らは存在の真理を求めて、あなたを頼みにします。しかし、あなたのマインドが自分自身の不和や不調和への心配でいっぱいなので、彼らがあなたから求める聖なる実体を得ることなく、退けられてしまうこともよくあります。

あらゆる人は奥深いところで、生命のパンに飢えています。人間的付き合い、供給、あるいは、物質的豊かさを求めてあなたの家への道を発見する友人、親戚、その他の知り合いは、彼らの観点ではそれが目的かもしれませんが、現実には、生命の本当の実体、けっして滅びない食べ物を求め渇望しているのです。もしあなたが彼らにお金を与え、ただそれだけを与えるとすれば、もしあなたが肉体的、人間的付き合いを与え、ただそれだけを与えるとしたら、彼らに石を与えていることになります。あなたは彼らに生命のパンを与えていないことになります。あなたは彼らの意識の状態を引き上げていません。彼らがあなたのところへ来るとき、あなたが自分の存在の内部で真理の意識を特別に享受している程度だけ、彼らの意識を引き上げることができます。

神は私の家庭の実体であり、活動です。私の家に入る家族であれ、友人であれ、神はあらゆる個人の意識です。私の家庭の神聖さを汚したり犯したりする何も、私の家には入って来ません。なぜなら、神は私の唯一の家庭だからです。私の家が物資的構造として地上に現れているかぎり、それは神の調和を表現します。その家庭の中にいる者たちはその調和を反映するか、

取り除かれるか、どちらかです。なぜなら、神に似ていない何も私の家庭――私の寺院、私の存在、私の肉体――の中に、留まることはできないからです。不調和の性質のどんなものが入って来ても、あるいは、一時的に入ることがゆるされたとしても、やがてそれは、誰も傷つけることなく、関係するあらゆる人たちにとって祝福となるような形で、取り除かれることでしょう。

神は私の意識であるので、その意識の中へ「汚したり、嘘を作ったり」する何も、入って来ることはできません。たとえ私が自分の無知か人間的弱さゆえに、そこに居場所のない何かをゆるし入れたとしても、それは長くは留まらないことでしょう。私である真理と生命の意識はそれを癒すか、それを取り除くかです。誰かに執着して、「あなたは欠点をもっているけど、私はそれでもあなたを必要としているので、あなたにいてほしい」とは、私はあえて言わないのです。私は神と一緒の立場に立ち、もし必要なら、もっとも高い秘密の場所に居住するために、自分の父、母、兄弟姉妹、夫、妻を離れます。

あなたが知っている誰かに執着することは、正しいことではありません。なぜなら、人間的感情から、あなたのスピリチュアルな実証を妨害する多くのことが為されるからです。いつ人間的結び付きを手放すべきで、いつ手放すべきでないのか決定するために、一人ひとりが自分の内なる指針に頼らなければなりません。

ほとんどあらゆる結婚儀式には、「神が合わせられたものを、人は離してはならない」（マルコ10章9）という声明に似たものが含まれています。真実はと言えば、神が結び付けた者たち、一つであることと、調和の中で神が一緒にした者たちを、どんな人間も引き離すことは**できない**のです。人間が神と神の仕事に力を及ぼそうとしても、まったく不可能でしょう。見かけの世界では、一時的な闘争、不和、不調和がありえますし、これからもあり続けるでしょう。しかし、神のサークルの中に上り、神が作ったものは永遠であり、神が一緒にしたものを誰も引き離すことができない、と常に理解して生きるなら、あなたにとっては闘争、不和、不調和はないのです。

結婚生活にまつわる問題を扱うとき、神は唯一の存在なので、存在する唯一の関係は一つであることの関係だけであり、その一つであることの中ではどんな分割も分離もありえず、一つの中ではどんな不調和も不和もありえないということを理解することでしょう。二つがあるとき、あらゆる種類の不和と不調和がありえますが、一つであることの中ではそれは不可能なのです。

多くの人々は、こういった理解は夫婦が永遠に一緒にいることを保証し、それゆえ離婚や別居は絶対に起こらないことを保証していると信じていますが、それ以上に真理から遠いことはありません。夫婦が結婚していて、法律的には一つであるかもしれませんが、彼らは存在の中では実際に一つではないかもしれません――彼らはスピリチュアル的には一つでないかもしれないのです。それゆえ、一つであることをこのように理解することが、そうでない場合よりも離婚や別居をずっと早くもたらすかもしれません。そして、そのことが夫と妻の両方を不調和と不和の束縛から解放し、そのおかげで、彼らはどこか他で一つになれる相手を見付けることができるのです。人生が常に誤解と不和の戦いに行き着くとき、カップルは一つであることや本当の幸福を実現することはできません。愛のない結婚関係は罪です。

スピリチュアル・ヒーリングのプラクティショナーは、どんな人や夫婦の家族生活にもけっして立ち入るべきではありませんし、また二人が結婚するべきか、結婚に留まるべきか、別居するべきか、離婚するべきか判断するべきではありません。それはスピリチュアルなヒーラーの仕事ではありませんし、さらに、外側の見かけからその状況の真実を知る簡単な方法はないのです。結婚生活の不幸と苦しみのすべてのケースにおいて、神が唯一存在するものであり、唯一の結婚、神秘的結婚だけがあるという事実に固執してください。そういった結婚は神が定めたものであり、どんな人間もそれを引き裂くことはできません。

ときには、神がその一つであることを維持するまさに一番よい方法は、その人間的絆《きずな》や法律的結び付きを引き離すことである、ということもありえます。一つであることをただ知るからといって、そのおかげですべての結婚が維持される、と一瞬でもけっして信じないでください。なぜなら、そうではないからです。一つであることを知ることは、人を自分自身の善と一つにし続けることであり、その善が独身、結婚、別居、離婚を意味するなら、それが起こるのです。誰も人生がどう実現するのか、はっきりと示す権利をもっていません。なぜなら、何がよいことなのかという誰かの考えではなく、スピリチュアルな善に従って、あらゆることは展開しなければならないからです。「自分は、何が人間的に善なのかを決定する能力がある」と、誰も主張すべきではありません。

自分の愛する者を、彼らが知ってか知らずか自分自身にもたらした、そして、もたらしている不幸と苦しみから守ろうとするのは賢明なことではありません。心配を手放し、彼らを解放し、彼らにその不幸と苦しみを生きるようにさせてください。なぜなら、自分自身の行為の結果から彼らを引き離すような過剰な保護は、しばしば彼らが存在の真理に目覚めるのを阻むつまずきの石となるからです。彼らのまさに苦しみは、彼らを目覚めさせるのに必要な針かもしれないのです。私たちの一人ひとりが、「他人を解放し、手放す」という教訓を学ばなければなりません。あなたの愛する者たちをキリストに委ねてください。彼らを神へ委ねてください。そして、神の法則に統治させてください。

スピリチュアルな人たちによって達成されたスピリチュアルな目覚めの量と、日々の人生での実践の程度にもかかわらず、何らかの理由で、反応する意志がない、ないし反応することができない人たちがいます。スピリチュアルな人生の証人で最大に知られている人はマスター、イエス・キリストですが、それにもかかわらず、彼には裏切り者のユダ（キリスト十二使徒の一人）がいて、疑い深いトマス（キリスト十二使徒の一人）がいて、否定するペテロ（キリスト十二使徒の一人）がいて、ゲッセマネの園（イエス・キリストが処刑の前日、祈った場所）で眠り込む弟子たちがいました。疑いもなくペテロとトマスはあとで目覚め、自分たちの一時的な誤りをあがないました。ユダに関しては、彼がこのスピリチュアルな光に目覚めたというどんな証拠もありません。さらにスピリチュアルな刺激が、サウロ（使徒パウロのもとの名前）の中に何の反応も引き起こさなかったときもありましたが、それにもかかわらず、ある時期に、彼はそれに応えたばかりでなく、それに対する偉大な生きた証人となったのです。

それゆえ、もし自分の家族の人々、自分の国の自分の教会のグループ、あるいは、世界一般がこの瞬間にスピリチュアルな刺激に反応していないとしても、誰も絶望する必要はありません。彼ら自身の時期に、彼らは反応することでしょう。彼らの一部の人たちにとっては、それは数日、数ヶ月、数年かかるかもしれませんし、他の者たちは何生もかかるかもしれません。しかし、遅かれ早かれ、あらゆる人は神にひざまずくのです――あらゆる人です。何らかの時期に、すべての人たちは神について教えられます。

人々の中には、自分のまわりの誰かの実証が欠如しているせいで、自分がスピリチュアルなに後退しているとか、そのことが自分に有害な影響を与えていると信じている人たちがいます。しかし、その人自身がそれをゆるさないかぎり、それはけっして真実ではありえないことでしょう。一人ひとりが自分自身のスピリチュアルな実証に責任があり、スピリチュアルな勇気の欠如を他の人のせいにするのは無駄なことです。

イエス・キリストに劣らず権威のある先生が、キリスト性の偉大さに到達するためには、「私のために」、自分の母、父、兄弟姉妹を離れることが必要であると教えました。しかし、ほとんどの人たちは、自分のまわりの人たちの行動が自分の実証を妨害している、と信じているにもかかわらず、彼らを離れる用意がまだないのです。ですから、その事実に直面したらどうでしょうか？　そして、誰のことも責めるべきではありません――自分自身でさえも。しかし、すぐに理解すべきことは次のことです。それは、神から分離した自己性への世界的信念をただ受け入れることによって、あなたは自分自身を催眠にかけ、自分の存在の外にあるものが、自分に影響を及ぼすことができると自分に信じさせる、ということです。どうして誰かが別の誰かの実証に影響を与えたり、助けたり、妨害したりすることができるでしょうか？　どうして誰かが、別の誰かがキリスト性に目覚めることの間に割り込むことが可能でしょうか？　それは人間への依存があるときだけ、そういうことが可能なのです。

もし男性も女性も、自分の支援と供給が夫、妻、投資、ビジネスから来るという世界的信念を受け入れるなら、彼らは自分自身を人間的法則のもとに連れて来たのです。人々がスピリチュアルな知恵の知識を何ももっていなかったときなら、そういった依存は自然なことです。しかし彼らが、父と一つであるものとしての自分のアイデンティティの真理を学んだあとでも、まだ自分の信念を「親切な人たち」に置くこと――友人や家族に依存すること――に固執するなら、自分自身を解放して、恩寵のもとで生きる代わりに、彼らは人間的法則の制限の支配下で生き続けるのです。スピリチュアル的に生きることにおいては、どんな人にも物にも依存はありません。分かち合いはありますが、依存はけっしてありません。お互いに分かち合われることは、神の無限の気前よさからふるまわれるのです。

「私と私の父は一つです」。それが神に対する私の関係であり、それが私に対する神の関係です。それはどんな人とも関係ありません。それは親戚、友人、同僚とは何の関係もありません。私の幸福は、まったく彼らに依存していませんし、彼らの幸福も、私に依存していません。私の幸福は、私の個人的存在としての神の全体性が顕現したものです。

この一つであることが一瞥されるとき、あらゆる人間関係が友情、喜び、協力の関係になります。もし私たちが他の誰にも依存しなければ、たとえ他人とのすべての関係がなくなっても、どんな欠乏も損失もないことでしょう。なぜなら、幸福は神に対する私たちの関係に内在しているからであり、神の中にあっては、誰のパワーによっても、私たちがキリストと共同相続人である関係を失うことはできないからです。しかし、人間の風景はそれを証明しません。なぜなら、父と子の関係から恩恵を受けるためには、個人の意識の中で真理の活動が起こらなければならないからです。

あなたが「地上のだれをも、父と呼んではならない」（マタイ23章9）ことを学ぶとき、自動的にこの地上のあらゆる男女、子どもたちはあなたの兄弟姉妹となります。人間の証言によれば、あなたは一人っ子でこの地上に誰も親戚がいないかもしれませんが、しかしいったん「地上のだれも、父と呼んではならない」ことにあなたが賛成するとき、それはもはや真実ではなくなります。なぜなら、あなたはこの世界のあらゆる人を兄弟姉妹としたからです。あなたのことを見知らぬ人として見ている人が突然、「私はこの人を知っている」、「私は彼をずっと知っているかのように感じる」のです。あなた方は血縁の兄弟姉妹でないにもかかわらず、お互いの間に何の障害もないのです。なぜなら、血縁の兄弟姉妹よりも高い関係が確立されたからです。今あなた方は聖なる定めによる兄弟姉妹なのです。

スピリチュアルな絆、つながりがあり、それはすべての神の子を一緒に結び付けます。これは人間、つまり、死すべきものへのつながりではありません。ですから、人間的ないし死すべきレベルに留まることに固執する人たちは、最後にはより高いスピリチュアルな経験から追い出されます。一人ひとりが、スピリチュアル的に結び付いている人たち、つまり、自分のスピリチュアルな兄弟姉妹との関係に自分自身を引き入れるのです。しかし、死すべき物質的レベルに生き、そこに固執し続ける者たちは、遅かれ早かれあなたから離れることになり、彼らに執着しようとすると、最大の頭痛がやって来るかもしれません。

途中であなたは虚偽、欺瞞、中傷に出会うかもしれませんし、あなたの友人や親戚が眠りこけて、あなたを支援しないこともあるでしょうし、抵抗したり妨害したりさえすることもあるかもしれません。あなたが道を進んでいく中で、そういったことが何の重要性もない地点に到達しなければなりません。誰があなたを失望させても、あなたの人生においては、何の違いもありません。それはただ彼らにとって違いがあります。なぜなら、彼らは自分のキリスト性を実証することに失敗したからです。しかし、神に対するあなたの関係を学んだなら、あなたにとっては関係ないことです。

神はあなたの存在の生命で、知恵で活動で供給であるので、この地上の誰かに依存して為すべきどんな実証も、あなたはもっていません。あなたはスピリチュアル的に養われ、衣服を与えられ、家を与えられています。「父がお持ちになっているものはみな、あなた（わたし）のものである」（ヨハネ16章15）というこの真理に、完全に徹底して依存しています。もし全地球が消し去られても、「わたしと父は一つである」（ヨハネ10章30）という唯一の真理だけは残り、そして、父がお持ちになっているものはみな、まだあなたのものでしょう。

マスターが弟子たちに彼のために、「父と母と兄弟姉妹から離れなさい」と教えたとき、彼が言わんとしたことは、彼らが自分のスピリチュアルな家族たちから離れるべきということではありませんでした。「わたしの母とはだれのことか。わたしの兄弟とはだれのことか」（マタイ12章48）。それから彼は、自分のまわりにすわっている人たちを見まわし、言いました。「ごらんなさい。ここにわたしの母、わたしの兄弟がいる。天にいますわたしの父のみこころを行う者はだれでも、わたしの兄弟、また姉妹、また母なのである」（マタイ12章49－50）。スピリチュアルな愛のレベルで一緒に出会うことができるすべての人たちは、今から永劫のときまで、永遠にお互いを分かち合って、一緒に結ばれているのです。

12章　神は私たちの運命です

神霊は永遠に活動して、私たちに私たち自身のものを引き寄せています――その私たちのものが何であれ、それが人間関係であれ、ビジネスであれ。目に見えない活動があり、それが私たちにふさわしい仕事、ふさわしい結婚、ふさわしい町、ふさわしい国を引き付けてくれます。日々、父は私たちに仕事を与え、その仕事にともなって常に報酬と見返りがやって来ます。

私たちを悩ませる大多数の問題は過去の後悔と未来への心配だということに、たぶんほとんどの人たちが同意することでしょう。現在の瞬間、たいてい私たちは大丈夫です。もし私たちがこの瞬間、神のパワーが活動していることを知って満足し、それがそのように続くことにまかせて生きることができるならば、過去については何の心配もなく、未来についてもほとんど心配がなくなることでしょう。あれやこれやの方法で、私たちは日々何をしたらいいか知ることができ、ときには数週間先まで知るかもしれません。私の経験では、私に対する神の目的が何なのか、それほど先まで明らかになることはめったにありません。

人生のあるときに、人が建設的性質の何かをやっていて、その人の人生がそれに対する奉仕になっている段階に到達し、その人の生計はその仕事に依存していないことを認めるときがあります。つまり、自分の仕事の中に奉仕の性質がある何かを発見できるとき、人のビジネスは二度と再び重荷でなくなり、けっして失敗することはないでしょう。

お金を稼ぐこと、ないし生計を立てるというたった一つの目的で日々生きるその結果は、成功かもしれませんが、その一方で同じように失敗という結果になるかもしれません。究極の結果はあらかじめ定められていないのです。しかしあなたが、自分のハートと魂をその中に入れることができる何かを発見するとき、たとえそれが最初はもっともつまらない労働であっても、自分の仕事をすることが誰かへの奉仕になることを発見するなら、それはあなたをより高い活動の形態へ導くことでしょう。

もしあなたの意識が奉仕と協力に満ちていれば、そのときにあなたの活動はその性質が何であれ、あなたの意識の中で奉仕と協力を表現するようになるでしょうし、それはしだいに拡大し、進展する活動となることでしょう。

神である無限が私の存在の無限を構成しています。しかし、私の個人的自己の私が無限、ということではないのです。それは唯一の無限があるからで、それが神で、神が私の個人的存在であるゆえに、私の個人的存在は無限を抱きしめるのです。その無限の中にすべてが含まれます。何も私に付け加えられることはできませんし、何も私から取られることもできません。

あなたがその無限を経験することを、何が妨害しうるのでしょうか？　それはただ、何かを得よう、何かを願望しようとする試み、そして、自分が何かを獲得した、ないし何かに値すると信じようとするせいです。

目を閉じて、自分自身を神で満たし、それから、観察者になって、あなたを通じて神が為している奇跡的な物事を見てください。とはいえ、それは常にあなたの期待どおりというわけではなく、またそう為されるべきだ、とあなたが思うとおりに常にいくわけでもないでしょう。

あらゆる神の子のためにスピリチュアルな実証があり、「神の御霊があなたがたの内に宿っているなら」（ローマ人への手紙8章9）、あなたはその神の子です。

人がある特定のビジネスに入る機会とか、一つの地位から別の地位へ変わるというような、あらかじめ決まった目標に到達することを求めるとき、その人は自分を聖なる恩寵によって生きることに開くよりも、人間存在の車輪に自分を縛り付けます。聖なる恩寵のおかげで、人は自分が確立したパターンの人生に束縛されずに、今まで考えたこともない何か新しい活動へ、自分が引き上げられるような道を提供されるかもしれないのです。

特定の**物事や人**を得たいと願望することは人間存在の輪に留まることとです。あなたが本当にほしがるべきこと、そして、あなたが合法的に実証できることは、ただキリストに対するより大きな気づきだけです。もしあなたが神の存在に目覚めるなら、無限に善きことをもちます。しかし、あなたが神の存在以外の何かの実証を求めるなら、あなたは単に制限を実証しようとしているだけであり、ただそれに成功するだけでしょう。しかしながら、もしあなたが「無限の道」のこれらの原理を生きているなら、生命の無限の性質を実現するのです。そのときあなたは人間的法則の支配下にいるのではなく、恩寵のもと、制限のない生き方のもとにいるのです。

私がある形而上学センターで、あるグループに最初に講話をしたときのことです。ある女性が自分の望む九つの物事のリストをもって、私のところへやって来ました。そして彼女は、自分がそれらを手に入れられるように、私に祈ってほしいと頼んだのです。私はすぐにそのリストを彼女に返し、言いました。「申し訳ありませんが、私はあなたのためにこれらを祈らないだけではなく、そもそもあなたがそれらを得るかどうかさえ、特に関心がありません」。彼女は非常に驚きました。なぜなら彼女は、真理とはそういうことのためにあると思っていたからです。彼女は神とは使われるべき存在だと思っていたのです。

実証の目的は聖なる恩寵であるキリスト-意識の実証であり、それはすべてのカルマ的法則を無効にします。人が過去のおこないの罰として、額に汗して生活費を稼ぐように運命づけられているのは、カルマの法則のせいです。確かに、人がただ生活費を稼ぐ目的のためだけに働くかぎり、その人はカルマ的法則の支配下にいます。もしあなたが、私が言わんとしていることを一瞥し始め、生の輪から解放されたいと思い、生活費を稼ぐ目的のために働くことをやめたからといって、あなたが自分の仕事を放棄するわけではないのです。まずカルマの法則を破ってください。そうすればあなたはもはや、生活のために働く必要はなくなるでしょう。

私がこういうことを言うとき、よく人々は、「あなた自身も生活のために働き続けているのに、どうしてそんなことが言えるのですか？」と反論します。私はただ、「それは真実ではありません。一九二八年以後、なおさらそれは真実ではありません」と、彼らに断言することができるだけです。私は生活のために働いているのではなく、仕事の喜びのために働いているのです。私がやっているように誰か一日二十時間、生活のために働いている人はいますか？　いいえ、私がこの仕事をやっているのは、それは聖なる恩寵によって私に与えられているからであって、生計はその自然の結果だからです。

ただし、私が今言ったことを、読者の皆さんは誤解しないようにしてください。私は、あなたが働かなくてもいい、と言っているのではないのです。私が言っていることは、あなたは**生活のために**働く必要はないということです。その二つには広大な違いがあります。恩寵によって生きるようになればなるほど、あなたはますます働き、ますます一生懸命に働くようになることでしょう。そのとき初めて、それは生活のためではなくなるのです。それはあなた自身を表現する喜びのためになり、生計はその表現にとっては、まったく付随的なものとなるでしょう。実際の話、あなたの生計は何か他の源泉から来るかもしれず、そのおかげであなたは働くことから完全に解放されて、他の活動のために自由になるかもしれないのです。しかし、その見かけの源泉が何であれ、それはたった一つの源泉から来ることでしょう。

人間の風景にいるあらゆる人はカルマの法則のもと、「人は自分のまいたものを、刈り取ることになる」（ガラテヤ人への手紙6章7）という法則の支配下にいますが、「人はパンだけで生きるものではなく」（マタイ4章4）という目覚めを通じて、どんな人もその法則を破ることができます。つまり、その人は恩寵によって、神のあらゆる言葉によって生きるのです。

万一あなたが失業のケースで助けを求められたら、無限で唯一の存在である神が雇用者と被雇用者の両方にちがいないという理解が、あなたの治療におそらくなることでしょう。言い換えるなら、神が唯一のもので、二つがないのですから、雇う人と雇われる人がいるはずがないのです。ただ一つであること、一つである存在だけがあり、神がその唯一の存在です。神は無限に永遠に雇用されています。神は自分自身の仕事に従事していて、神の子は常に雇用されていて、父の仕事に従事しているはずです。

「すべての道で主を認めよ。そうすれば主はあなたの道をまっすぐにされる」(箴言3章6)。好意とすべての善き物事があなたに降り注いでいるときには、このことをおこなうのは簡単でしょう。しかし、そういった物事が見たところ差し控えられているとき、同じくらい素早く、「父よ、ありがとうございます。これもまたあなたの活動の一部にちがいありません」と、あなたは言うことができるでしょうか？　あなたは、一部のときだけではなく、あらゆるときに神を認めなくてはいけないのです。人間的には失敗に見えるようなときもあることでしょう。そういった物事に対してさえも、神に感謝してください。なぜなら、神を認めることを通じて、失敗もまた、結果的にはより高い善になるかもしれないのです。何らかの一時的成功ゆえに、あなたは型にはまった生活に留まっていたかもしれませんが、その代わりに、もし次に向かうヴィジョンをもつなら、失敗は祝福だとわかるかもしれません。あなたのすべてのやり方で神を認めてください――それが失敗に見えても、成功に見えても。

自分は成功することができるとか、失敗することができるという信念を、きっぱりと放棄してください。**あなたは**けっして成功しませんが、またけっして失敗もしません。**あなたは**永遠にずっと神の作品(創造物)を示し続けるだけです。あなたは神がそこから輝く、意識の中のその場所に永遠にいるのです。あなたの存在の栄光は、**あなたの**存在の栄光ではありません。

それは神の存在の栄光なのです。あなたはなぜあらゆる時代のマスターたちが、「謙虚さは知恵の始まりであって、自己卑下ではない」と明言したのかわかりますか？　いいえ、謙虚さは神がすべてであることの理解なのです。それは自己卑下することではなく、その反対に、神の完全で豊かな栄光を示す存在としての、あなた自身を理解することなのです。神の光はあなたの光です。神の知恵はあなたの知恵です。神の愛はあなたの愛です。

父よ、ありがとうございます、ありがとうございます。私はあなたの存在の道具です。私は自分自身の知恵をもっていません。私は自分自身の年齢も肉体も魂も、もっていません。私は自分自身の善をもっていません。たった一つの善、たった一つの生命だけがあり、それは天にいます父です――そして、私という場所を通じて、その神性の完全なる栄光が輝くのです。

自分とあらゆる人を助けるのは、あなたの理解でも能力でもありません。それは神の理解と能力であり、あなたは自分自身がその通路であることをゆるすだけです。それはちょうど、作曲家が自分を通じてメロディが流れるようにするのと同じです。作曲家は音楽の創造者でしょうか？　詩人は詩の創造者でしょうか？　芸術家は彫刻や絵画の創造者でしょうか？　いいえ、違います。あらゆる創造的芸術家は通路で、その人を通じて神の創造能力が表現するのです。その人は神の手の道具、絵筆、のみ、金槌です。通路であることが、詩人、画家、彫刻家のすべてです。それが私とあなたのすべてです。

私たちは神の手の中の道具です。私たちは神の作品と栄光を示すために神に使われる手段、ないし道具です。私たちが健康で、幸福で、より繁栄していればいるほど、ますます証言することになります。何を証言するのでしょうか？　私たちの理解でしょうか？　いいえ、神の恩寵が私たちを通じて流れることです。神の恩寵です！　それが実際あらゆることの源泉です。私たちは神の恩寵の受容者、証人で、私たちはそれを他の人たちと分かち合うのです。それは私に所属していませんし、あなたにも所属していません。それは父（神）のものです――神の恩寵が私たちを通じて流れるのです。

もし私たちが自分の経験のあらゆる活動を人間の領域へ翻訳しようとすることなく、その中に常にスピリチュアルな指針を求めるならば、非常にスピリチュアル的に満たされ啓発されることでしょう。そしてそのおかげで、その啓発が私たちを自分の本当のスピリチュアルな教えへ導くだけでなく、ふさわしい洋服、ふさわしい車、ふさわしいアパートを見付けるといった世俗的なことにさえ、導いてくれるのです。神のスケールでは、これらの物事に違いはありません。

神は充実です。スピリチュアルな啓示がやって来れば、必ずそれと一緒にあなたにふさわしい職業や住居をもたらすことになります。神は分割することができません。神は分割不可能です。神の活動は一つを含めて他を排除することはないのです。神は何らかのふさわしい活動形態としてそれ自身をあなたに啓示しながら、あなたに必要な物事を与えない、ということはできないでしょうし、また神はあなたに必要な物事としてそれ自身を啓示しながら、あなたにふさわしい活動を与えない、などということもできないでしょう。

これらが同時に現れないように見えるのもよくあることですが、それは、あなたが間違って祈ったからです。あなたは分割した祈りを祈ったのです。あなたは神が光として、光の充実として、啓発の充実として、真理の充実としてそれ自身を啓示することを祈る代わりに、**物事のために**祈ったり、神霊がある方向にそれ自身を啓示することを祈ったりしているのです。神の外套は全体で、完結していて、完全です。神がその外套をあなたの肩にかけるとき、それはあなたの存在全体を包みます。

ヒーリングや就職を求めて、神に向かってはいけません。安全や保障を期待して、神に向かってはいけません。神のところへは神を期待するために行ってください。神のところへは、神の存在のスピリチュアル的気づきを受け取ることを期待して行ってください。そのとき、混んでいるときに駐車場を見付けるとか、飛行機の席を見付けるとか、ホテルの部屋を見付けるといった小さいシンプルな物事の中で、あなたの日常的経験の調和として、神が外側にどのように現れるのか、眺めてください。

あなたの人生のシンプルな物事やまさに最深の経験において、あなたは神霊の中の父、神霊としての父を求めることで、完結と完全さを発見することでしょう。神の外套を分割してはいけません。健康や富、安全や保障、あるいは、地上の平和を祈ってはいけません。神が**それ自身**を真理として啓示することだけを祈ってください。真理、光、より多くの知恵、啓発のために祈ってください。外套全体を求めてください。**神霊としての神**を礼拝し、外套全体があなたのところへ降りて来て、必要な物事、家、楽しい人間関係、ふさわしい活動として**それ自身**を啓示することをゆるしてください。

13章　供給についての新しい考え方

　供給は、スピリチュアルな事柄を学んでいる人が実現できる一番簡単な実証の一つですが、供給についてのスピリチュアルな真理と、それを人間が解釈する意味の間には非常に大きな違いがあります。スピリチュアルな真理においては、供給は収入（income＝中に入って来るもの）ではありません。それは流出（outgo＝外に出て行くもの）です。人間的意味にとっては、その反対が真実です。しかしながら、スピリチュアル的には供給を実現するどんな方法もなく、それは為されることが不可能です。なぜなら、天国や地上に存在するすべての供給は、この瞬間あなたの内部に存在していて、それゆえ、供給を実現しようというすべての試みは、失敗に終わるはずだからです。あなたの存在の外側にどんな供給もありません。もしあなたが豊かな供給を享受したいと思うならば、その供給が出て行くための道を開かなければならないのです。与えることによってどうやってこの供給を解放するかは、あなたと神との交感によって、啓示されることでしょう。

誰かが供給の意識を得ることに関して、あなたに助けと指示を求めるとき、次のように言って供給の原理にその人の注意を向けるのは、正しくかつ必要なことです。「必ず私はあなたを助けますが、まずあなたは自分が今まで与えたことがないどこかの場所に、何か与えることを見付けるようにすることで、この供給の意識を得ることができます。自分の家族のメンバーではない誰か、その瞬間は敵であるかもしれない誰かに、何かを与えるのです。なぜなら、たぶんあなたは家族にはすでにそうしているでしょうから。自分の衣装棚や自分の食品貯蔵庫を探して、自分が分かち合える何かがないかどうか見てください。与える流れをスタートさせてください。そうすれば、あなたは供給の流れをスタートさせます」

無限で遍在する供給の性質の真理をあなたが知っていることによって、あなたの患者は欠乏と制限の信仰から解放されることでしょう。そして、その人が供給の形態を解放し、与えるという態度を育成し始めるにつれて、供給が流れ始めるのです。スピリチュアルな事柄を学んでいる人が無償で与えることができるものには、制限がありません。「この無償で与える」は、量、ドルの量とかその他の数とは何の関係もありません。与えることは**与えるという質**の程度と関係があります。それは、供給とは外に与えることであって、自分の内に集めることではない、と認めることです。

与えることは必ずしも物質的な何か、お金とか物を与えることから始まるわけではなく、何であれ**与える**ことから始まるのです。それは何かの物事を**放棄（give up）する**ことから、始まるかもしれません——恨み、嫉妬、憎しみを放棄する、認められたいという願望、あるいは、報酬、報償、感謝、協力を得たいという願望を放棄する。この「放棄」と同時にやって来るものは、忍耐、協力、愛、ゆるしを与えることです。あなたの供給は、あなたが得ることではないという理解に明け渡してください。それはあなたが与えるものです。

あなたはあまりにお金に執着してきたかもしれません。もしそうなら、それを手放すことをあなたは学ばなければならないことでしょう。そして、それを緩めることで、あなたのところへ必然的に戻って来る流れを動かすのです。このことはお金を投げ捨てるとか、善き物事を浪費的に不注意に使うと解釈されるべきではありません。誰も常識や自分の知恵以上を求められることはけっしてありません。求められていることは、態度における変化であり、この二十五セントや一ドルを流れに送り出すという考えをもって、ある特定の瞬間から与え始めるという意欲です。重要なことは、それが循環し始めることです。

これは新しい考え方ではありません。聖書は献金という名前のもとでこの教えを私たちに与えました。それはつまり、自分の収入の十分の一を神に捧げるということです。自分はそんな金額を与える余裕がないと信じている人たちが多くいます。なぜなら、彼らの心の中ではそれは自分たちの財政にとっては大変な支出であり、そんなことをしてしまえば、最初は自分の財政にとって破滅的なことになるかもしれないと信じているからです。こういった人々にとっては、少額——五パーセント、四パーセント、三パーセント、二パーセント、あるいはいくらからでも、献金を始めるほうが賢明なことかもしれません——特定の金額やパーセントが、他のすべての支出より優先されて取って置かれ、それが自分の家族のためでも、自分自身の利益のためでもなく、完全に**非個人的な目的**の何かであるかぎり。

たぶん、大多数の人々は献金という贈りものは、他のすべての支出が終わったあとの残りから取られるべきだと信じています。しかしながら、献金の秘密とは、残りを与えるのではなく、神に「最初の果物」を与えること、さらに言えば、これらの最初の果物をできるかぎり秘密に与え、与えた人だけがそれがどこから来るのか知っていることです。

自分の収入の二、三パーセントを与えることがどれほど簡単かわかったあとでは、短い間に、その量は四、五パーセント、それから十パーセントに増えるかもしれません。興味深いことには、献金はめったに十パーセントのところで止まらないことです。私は自分の収入の八十パーセントを献金している三人の人たちを知っています。驚くことに見えながら、彼らは非常に浪費家にもかかわらず、使い切れないほどの充分なお金を残しています。

供給についてこの重要な面を繰り返させてください。供給は得ることではありません。供給は与えることです。あなたが水の上に投げ入れたパンが、あなたのところへ戻って来るのです。それはあなたの隣人のパンではありません。それはあなた自身のパンです。もしあなたが水の上にパンを投げ入れていないならば、あなたのところへ戻って来るパンはありません。水の上のすべてのパンは、それを送り出した人へ戻るための目印がついています。

何らかの方法で、あなたは水の上にパンを投げ入れなければならないのです。もしどうやってこれをするのか今まで学んでいないなら、それがあなたの最初の重要な教訓です。あなたの存在の本質は無限であるゆえに、あなたは自分自身に健康も富も機会も人間関係も付け加えることはできません。あなたにできることは、神であるもの、神がもっているものすべてを、あなたが体現していることを認識することだけです。あなたは得ようとしてはいけません。あなたはもとうとしてはいけません。あなたは自分に引き寄せようとしてはいけません。ただ、自分からどうやって無限が流れ出るようにするのか、学ばなければならないのです。パンが戻って来るのは、壁に向かって投げたゴムボールのように、それ自身で起こる反射作用です。あなたがそれを投げると、それが自分自身で跳ね返って戻って来るのです。

あなたが水の上に自分のパンを投げ入れるにつれて、神の恩寵があなたの存在の調和として表現され、流れ込んで来るのがわかることでしょう。もしスピリチュアルな教えの中のこの重要なポイントを無視すれば、あるいは、結局それはたいして重要でないと思うなら、あなたは道を見逃す可能性が非常に高くなります。なぜなら、何かを得ることができるという信念に自分を縛り付けて、束縛すればするほど、その間あなたは、自分自身を自分の善きものから切り離しているからです。あなたが今という即時性と存在の**「私は在るという性質」**を理解できる瞬間、その瞬間から、この世界を楽しい認識で眺めるのです。

父よ、ありがとうございます、私は何の願望もありません。私はあなたの恩寵以外、何も必要ではありません。私はあなた以外、誰も必要ではありません。私が今この瞬間を生きているように、あらゆる瞬間に私が世界を愛し、その中のあらゆる人を愛しながら、生きるようにさせてください。私はどんな人に対しても、何も対立することがありません。私の意識の領域の内部に入って来る人で、ゆるしを必要としている人は誰もいません。なぜなら、私はすでにその人をゆるしたからです――七十回の七倍も。

二番目に、同様に重要な供給の原理とは、供給は目に見えない、ということです。あなたは供給を見ることも聞くことも、味わうことも嗅ぐこともできません。あなたは今まで一度も供給を見たことがありません。なぜなら、供給は目に見える領域には存在していないからです。供給は神霊ないし生命で、完全に目に見えず、その性質上無限です。

イエスがもっていたよりも、モーセ、エリシャ、エリヤ（紀元前九世紀の預言者）がもっていたよりも、今日のほうが供給が少ないわけではないのです。彼らは自分が無限をもっていると知っていて、それを証明しました。あなたもそのまったく同じ無限をもっているのであって、ほんのわずかでももっているものがより少ないわけではないのです。しかし、神が個人の存在を構成していることが明確になるまで、あなたは自分自身の存在の無限の本質を理解できません。そのせいで、常に自分の外側に供給を求め、ドル紙幣やその他の紙幣の中に保障を求めることでしょう。

お金と所有物が供給を構成しているという信念は、あまりに長い年月受け入れられてきたので、たいていの人たちは自分の安全のためにそれらに頼るのです。そして、通貨の切り下げや世界規模の不況、その他自分のコントロールを超えた何らかの理由で、何十億のお金が消えるとき、彼らは自分たちの世界が崩壊したと感じます。スピリチュアルな知恵を学ぶ者たちは、自分は自分の存在の外側にどんな供給ももっていず、物質的感覚を通じては知られることができない何かの中に供給があるという、理解に到達しなければなりません。供給は無限で目に見えないものなのです。

供給はあなた自身の存在の内部の何かです。それは、神があなたの存在を構成しているという真理です。自分の存在として神を認識するとき、あなたは神を正しく知ること以外、何も必要ではありません。もし神をもつなら、あなたは供給をもつのです。しかし重要な点は、「あなたは神をもっていますか？」ということです。スピリチュアル的には、確かにもっています。しかし、理論的にも、確かにもっています。確かに、あらゆる人は神をもっています。しかし、もしあらゆる人が神をもっているなら、この世界に欠乏も制限もないことでしょう。実際には、人々は単に潜在的力ないし可能性として、神をもっているだけです。神をもつとは、神を意識的に正しく知るということ、神のところへ居住すること、彼と意識的に交感すること、あなたの存在のまさに**「私」**として、神を意識的に知ることを意味しています。神をもてば、あなたはすべての供給の源泉をもつのです。

モーセは神をもっていました。だから、彼は必要なときに空からマナ（神から与えられた食物）が降って来るのを目撃することができました。エリヤは神をもっていました。だから彼は、荒野でワタリガラスに食物を与えられ、ある朝目覚めると、ケーキがまさに自分の目の前の石の上で焼かれているのに気づいたのです。何からでしょうか？　何もないところからです――目に見えたり、触ったりできるものが何もないところからです。これらの物は、神に対する彼らの意識が生命の実体と形として現れた、つまり、神が食料として現れたのです。神をもっていたので、彼らはすべてをもっていたのです。

世界は、「神がこれの世話をしてくださるだろう」とか、「神がこれやあれをやってくださるだろう」というような声明の中に自らを見失いつつあります――なぜなら、神はそういうことをまったくやらないからです。神‐経験に比例して、ようやくそれが為されるのです。あらゆる人は、神をもてば、すべてをもち、神をもたなければ、自分が他に何をもっていても、何ももってないという理解に、最後には到達しなければなりません。神‐意識を達成した人には、何も差し控えられていませんし、何も失われていませんし、何も欠けていません。

「わかります、わかりますよ」とあなたはこれを読みながら、自分自身に言うかもしれません。「確かに、紙の上ではこれすべては素晴らしく聞こえますが、でもどうやって私は、供給のその意識に到達することができるのでしょうか？　供給はたえず私を回避しています」

私たちの原則に再び戻りましょう。神は無限ですので、神以外の何も存在していません。ですから、神以外にどんな供給もありません。あなたが神の無限さ、そして、無限である神はあなたの呼吸よりもあなたに近いことを認識するとき、そのときようやく無限の豊かさを自分自身のために主張し始めることができるのです。そういった主張をしても、あなたは自分の知性を侮辱することにはなりません。なぜなら、あなたが今主張していることは、自分の中に神の存在、無限で遍在する神の存在がある、ということだからです。

人が、自分の次の自動車、次の休暇旅行、あるいは場合によっては、次の食事がどこから来るのかなど、そういったすべての心配を自分のマインドから完全に振り払うことは簡単ではありません。「何を食べようか、何を飲もうかと、自分の命のことで思いわずらい、何を着ようかと自分のからだのことで思いわずらうな」（マタイ6章25）というマスターの教えを実践するのは、簡単なことではありません。しかしながら、供給の意識を成長させるうえで、一番重要なステップの一つは、あなたのマインドからこういった心配を振り払うことです。なぜなら、供給の外側の形態は付け加えられたものにすぎないからです。言い換えるなら、あなたの外側の善きことは、供給の遍在の象徴にすぎないのです。

もし供給の意識をもっていなければ、あなたは自分のポケットに供給の象徴をもたないことでしょう。ですから、最初に、供給の意識がなければならず、そうすれば、象徴が続くのです。どこにいても、あなたが神の存在の意識をもつとき、そして、自分がどこに立っていても、その場所が聖なる土地であるという目覚め、そして、「子よ、あなたはいつもわたしと一緒にいるし、またわたしのものは全部あなたのものだ」（ルカ15章31）という理解や、そういった意識をもつとき、必要に応じて、象徴が現れるのです。象徴は日によって違います。ある日、それはお金の形態を取るかもしれませんし、次の日は交通手段、あるいは、ホテルの宿泊という形態を取るかもしれませんし、またその次の日は食料、衣服、何か他の善きものという形態かもしれません。それが何であれ、それは必要とされるものとして現れます。なぜなら、それは供給の象徴ないし外側の表現でしかないからです。

再び繰り返させてください。供給それ自身は、感覚を通じてはけっして認識されることができません。供給は神です。供給は神霊です。供給は主の存在があなたとともにあるということです。供給はあなたを通じて働く生命力です。

スピリチュアルな受容性のある人は、果実がまったくなく、木には花さえないという季節はずれの果実の木を想像できれば、それ以上にこの真理の証明を必要とするでしょうか？　木に果実がないからといって、あなたはそれを切り倒すでしょうか？　どうしてそうしないのでしょうか？　供給がそこにありません――目に見える供給がまったくないのです。その見かけでは、木には果実がありません。しかし、あなたは理解しています。木の中に、木を通じて生命力が活動していて、その生命力が樹液を形成し、その樹液が幹を通じて上昇し、枝まで届き、それがのちに花として、さらにそののちに果実として現れることを知っています。あなたは果実のない木の見かけに騙されて、その木は果実を供給しないとか、その木は無用だと信じたりしません。

この同じ原理をあなた自身の人生と物事に当てはめ、今の瞬間あなたの目に見える供給状態にかかわらず、それを信頼したらどうでしょうか？　もしハリケーンがやって来て、あなたの全世界を吹き飛ばしたとしても、そのときでもまだあなたは聖なる大地の上に立っていて、「地とそれに満ちるものは、主のものである」（詩篇24篇1）のです。なぜなら、**「私」**がそこにいて、あの目に見えない無限の、そして、すべてを愛する**生命力**が、まだあなたの意識の中で活動しているからです。少し辛抱すれば、花と果実が、ドル紙幣とか何であれ必要とされるものの形で、再び現れることでしょう。必要なことはただこの真理を認識することだけです。

信じるか信じないかは、あなたの選択しだいです。ちょうど木の中で生命力が活動しているように、あなたの中でも生命力が活動しています。しかし、あなたは尋ねます。「なぜそれはもっと大規模に目に見えないのでしょうか？　なぜ私は、欠乏の問題と絶え間なく格闘しなければならないのでしょうか？」

それは、あなたの意識が目に見えないものではなく、ただ目に見えるものだけに合わせられているからではないでしょうか？　今までほとんどの時間、あなたは目に見えるところから供給を創造しようとし、今でもまだそうしようとしているからではないでしょうか？　パンと魚は目に見える何かから増やされることはできませんし、ドル紙幣もそうです。もし誰かがドル紙幣を増やそうとするなら、その人はすぐに自分が刑務所にいることがわかるでしょう。それゆえ、もし誰かがドル紙幣をもっとほしいなら、その人は目に見えないところでそれをしなければならないのです。では、どうやってそれをやるのでしょうか？　神が無限で、あなたの供給は神と同じくらい無限であることを理解することによって、です。

では、木の上の自分の果実を放ったらかしにして、それを摘まない人はどうなるのでしょうか？　すぐに彼らは、木が枯れ、もはや果実を生まないことを知るでしょう。あなたが果実を摘み取り、花壇から花を集めることによって初めて、生命力は以前の二倍の力で増加の仕事を開始します。

あなたの供給は、あなたが隣人を愛する程度だけに応じて、明白になります――愛を与える、ゆるしを与える、協力を与える――しかも、**見返りを求めずに与えるのです**。完全な物質主義者だけが与えて、見返りを求めます。本当のスピリチュアルな光は与える質をもったハートから与え、それは満ち足りているので見返りを求めません。どんな種類の見返りも必要ないのです。神が人の充分な見返りです。

このことを理解することが、「無限の道」の主要なヒーリング原理の一つを理解することです。真理に対するあなたの意識が、あなたの供給を決定するのです。どこかの神やどこかのキリストやどこかの神霊ではなく、あなたの意識――**あなたの成長した意識の状態**が決定するのです。真理の意識が完全に開花した状態で、この世界に生まれる人はほとんどいません。ほとんどすべての場合、その意識を成長させなければならないのです。漁師の弟子たちの意識は**成長した**意識の状態でした。タルスス（パウロの聖地）のサウロの意識は、成長して師徒パウロの意識になりました。若い頃の聖アウグスティヌス（初期キリスト教会の思想家。３５４～４３０）は、聖なる存在とは似ても似つかないものでしたが、彼もまた**成長した**スピリチュアルな意識の状態になりました。

その秘密とは、あなたの供給の源泉は、供給としての神に対するあなた自身の意識である、ということです――あなたの**成長した**意識状態です。もしプラクティショナーの助けを通じて、供給を求めるなら、そのときには、あなたはプラクティショナーの成長したスピリチュアルな意識に頼っているのです。でもそれは、長く続く供給の実証とはならないことでしょう。なぜなら、成長した意識とは、あなたの個人的意識として展開している神-意識であることを常に思い起こしながら、遅かれ早かれあなたは、自分自身の成長した意識状態に頼らなければならない立場に置かれるからです。

そのときあなたは供給の個人的感覚をかなり失い始め、全世界があなたの肩から抜け落ち、心から次のように言い、信じる、素晴らしく満足する人生の瞬間に到達するのです。

「地と、それに満ちるものは、主のものである（詩篇24篇1）……子よ、わたしのものは全部あなたのものだ（ルカ15章31）」。神の栄光の豊かさ――ただその一部ではなく、その完全な豊かさは今、私のものであり、限界のある生の感覚に満ちた死すべき運命を飲み込み、私に不死性を着せ、私の限界ある自己感覚を飲み込みます。そうすれば、私は神の無限さ、神の恩寵、神の存在、神のパワーを着せられることでしょう。

私には自分自身のパワーはありません。私自身の自己の私は何もすることができません。私自身の自己の私は無です。もし私が自分自身と自分のパワーと自分の供給について語るとすれ

ば、私はウソの証人になります。父が私の命であり、父が私の供給です。私は目に見えず、私の供給も目に見えず、私がどこへ行こうと、私はそれを持ち運びます。

スピリチュアルな探求者たちの中には、何らかの神秘的なやり方で、神が世界の他の人たちよりも自分たちにより好意を示してくれるという空想的考えを、誤って享受している人たちがいます。それは何と恐ろしい神でしょうか！　確かに、真理への無知のせいで、あなたの隣人は不足に直面し、その人は欠乏や不足の「主張」の支配下に置かれるかもしれませんが、神は一人の人に他の人たちよりも、自分の豊かさを多く授けたりしないのです。唯一の違いは、道にいる人たち、特にこの道にいる人たちの一部の人たちは、神の存在が形として顕現していることに、より気づいているというだけです。

一つの国家、一つの人種、ないし一つの宗教が他のものよりも神により接近できるとか、一人の人が神に関して何らかの特別な地位をもっている、とあえて言える探求者は誰もいません。神の無限は普遍的ですが、あなたが善きものを実証するのは、あなたが真理を理解しているからです。神の存在に目覚める結果が、豊かさの実際的実現と表現であることをあなたが理解するとき、何らかの奇跡的治療や祈りを通じて何かが増えるとは信じないことでしょう。何が起こったのかと言えば、初めから完全にすでに存在していたものに、あなたがもっと気づくようになった、ということであり、あなたはそのことを理解したのです。

一人の人が欠乏と制限を経験しているその同じ町で、別の人は豊かさを享受しています。町には責任がありませんし、時代にも責任がありません。それは不況の時代かもしれませんし、好景気の時代かもしれません。時代には責任がないのです。多くの人たちが景気のいい時代に自分の財産を失っています。場所があなたを作るわけでも破壊するわけでもなく、時代があなたを作るわけでも破壊するわけでもないのです。神がすべての形態の実体であることを、あなたが理解する程度に応じて、あなた自身があなたの経験の法則となるのです。

もし神がすべての形態の実体であるなら、あなたはその形態の量を増やすことができるでしょうか？　神は限界のある形態の実体でしょうか？　いいえ、形態はすでに無限であり、形態を作っている実体と同じくらい無限です。その秘密とは、遍在している神を認めることの中にあります――そしてさらに、**遍在そのもの**であり、あなたのまさに存在として、そしてそれゆえ、無限の存在としての神を認めることです。あなたが無限の存在に気づくことが、欠乏があったところに無限を啓示するのです。

現れるあらゆるものは目に見えない実体から作られ、それは無限です。たとえば、世界が祈りと呼んでいるものによって、あなたの作物、お金、土地、その他何であれ、増やす方法はありません。帽子からウサギを生み出す奇跡の祈りは何もないのです。ウサギが最初からそこになければ、誰もそれをすることはできません。増加とか減少というようなものはないのです。ただ無限がそれ自身を表現しているだけです。もしあなたがその無限の豊かさの受容者でないとすれば、それは無限が不在だからではありません。それは、無限へのあなたの気づきが欠けているからです。

あまりに多くの形而上学徒たちが善き物事の**形態**を実証しようと奮闘していますが、その一方で、**善きこと**それ自身から分離し離れている善き形態は何もありません。神への意識が実証されるに応じて、その**善きこと**の存在がその瞬間のあなたの経験に必要な形態で、ときにはもっとも奇跡的な方法で現れるのです。

聖書を通じて、創世記からヨハネの黙示録まで、この奇跡は何度も何度も語られています。

あらゆる預言者、聖人、見者、賢者は神の存在の気づきをもち、その存在の中で意識的に生き、自分の保護、食料、安全、安心が、自分が必要とするものとして現れるのに気づいてきました。しかし、聖書の時代、あらゆる人がこのように面倒を見られていたでしょうか？　今日、あらゆる人がこのように面倒を見られているでしょうか？　あなたはその答えを知っています。それでは、誰にそれは起こったのでしょうか？　誰にそれが起こっているのでしょうか？　誰にそれがこれから起こるのでしょうか？　それは神の存在に意識的に気づく人、神の中に生き、活動し、その中に意識的に自分の存在をもっている人に、です。マスターはパンと魚を増やすことはできませんでした。マスターはたった一つの理解だけがありました——自分の内部の父の存在です——そして、自分の内部の父の存在を彼が意識することが、外側で魚の増加、ヒーリング、そして死者の復活として現れたのです。

あなたがメンタルなパワーを使うことを放棄するにつれて——真理を使って何かを達成しようと奮闘したり、人間マインドからパワーの源泉を作ろうとしたりすること——を放棄し、**神の言葉**が流れるまで静かに受容的になるにつれて、調和と無限の意味を知ることでしょう。

あなたのマインドが、創造しよう、増やそう、癒そう、救おう、あるいは、回復しようと奮闘するのを放棄するとき、奇跡を眺めてください。神の無限の本質のおかげで、神は唯一**在るもの**であり、神が現象として現れる**形態**さえ無限にちがいない、という理解の中でくつろぐことを学ぶにつれて、あなたの人生に起こる奇跡を眺めてください。そうやって天国は、神の無限の美と豊かさを示すことで、神の栄光を宣言しているのです。地上は無限の形態、無限の多様性、無限の色、無限の香り、無限の量の神の作品、神の栄光を示しています。

無限が神の規模です。しかしながら、あなたがリンゴを実証しようとするとき、有限へと降りたのです。あなたが家、健康、あるいは、富を実証しようとするとき、有限性の中にいるのです。しかし、あなたが神の存在を実証するとき、無限の善の形態で、無限として現れる神の存在をもちます。神の存在は何かの調和の形態を製造するのではありません。神の存在**それ自体**が、すべての善の形態なのです。

14章　全能者の陰に宿る

こうして、あなたは安らかに自分の道を行き、あなたの足はつまずくことがない。（箴言3章23）

心を強くし、勇みたちなさい。アッスリヤの王をも、彼と共にいるすべての群衆をも恐れてはならない。おののいてはならない。われわれと共におる者は彼らと共におる者よりも大いなる者だからである。（歴代志下32章7）

彼と共におる者は肉の腕である。しかしわれわれと共におる者はわれわれの神、主であって、

われわれを助け、われわれに代って戦われる。（歴代志下32章8）

わが神、わが岩。わたしは彼に寄り頼む。わが盾、わが救の角、わが高きやぐら、わが避け所、わが救主。あなたはわたしを暴虐から救われる。（サムエル記下22章3）

主はわが岩、わが城、わたしを救う者、わが神、わが寄り頼む岩、わが盾、わが救の角、わが高きやぐらです。（詩篇18篇2）

山々がエルサレムを囲んでいるように、主は今からとこしえにその民を囲まれる。（詩篇125篇2）

主は仰せられます、わたしはその周囲で火の城壁となり、その中で栄光となると。（ゼカリヤ書

聖書は神の存在の中で意識的に生きる人たちへの安全の約束で満ちています。それは私たちの存在のあらゆる状況のあらゆる経験の中で、アクセス可能な神を証言しています。しかし聖書は、世界が地震、洪水、火事などの災いを免れることを約束はしていません。人間がこの世の中で生きているかぎり、彼らは世界の物質主義的考え方の大変異的影響を何か経験することでしょう。しかし聖書は、飢饉があっても、洪水があっても、火事、戦争、爆撃があっても、神の中で生きる人たちはそれらの中で**導かれ**、災いは彼らにけっして影響を与えないことを明確に約束しています。これはなぜそうなのでしょうか？　なぜ彼らは世界の災いから救われるために選ばれるべきなのでしょうか？

教会へ通っているほとんどの人たちは、聖書のこれらの安全の教えは彼らに当てはまり、彼らは神の世帯に所属しているので、こういった災いは自分に近づくことはないと想定しています。しかし、奇妙なことには、戦争や災害がやって来るとき、清く正しい生活を送ってきたそのまさにその人たちも、他のみんなと同じように救われず、この理由で、今日世界は、この神の約束が本当に真実なのかどうかに関して、非常に深刻に意見が分かれています。世界の懐疑論と完全な物質主義の原因の一つは、ほとんどの人たち、教会へ通っている人たちでさえ、世界の災いを免れる人はほとんどいないからです。彼らは生まれたときから教会のメンバーであり、日曜の礼拝に出席し、ときには週の真ん中の礼拝にも参加してきたという事実にもかかわらず、災いを免れないのです。

どうしたら人は、自分が世界の災いに苦しむ人々の中に入っているのかどうか、知ることができるのでしょうか？　あらゆる人が災いから逃れたいと思っていますが、災いを免れる程度は一人ひとりが自分自身で決定するのです。その人のために決定するどんな神もいません。他のすべての人たちが破壊されているときに、一部の人たちだけを切り離して救うようなパワーは何もないのです。聖書に表明されているように、神の法則の理解とそれへの従属によって初めて、人は救われるのです。

聖書には、成功する人生、安全で安心の生活の法則が含まれていて、詩篇91篇では、これらの法則の真髄が見付かります。

いと高き方を隠れ場とする者は全能者の陰に宿る。

あなたは最高の秘密の場所に居住していますか？　私たちは神-意識の中で生き、活動し、自分たちの存在をもっていますか？　私たちは神の存在とパワーに完全に全面的に頼って、その中で生き、活動し、自分たちの存在をもっていますか？　愛、与える、分かち合うという態度で生き、活動し、自分たちの意識をもっていますか？　私たちが今いる場所は聖なる大地で、そのまさに今ここに神の存在とパワーが私と私のものを包みこんでいる、と本当に信じて生きていますか？　神が私たちを導いてくれると確信して、朝から晩まで生きていますか？　神の方向、神の導き、保護を聴くという態度で、私たちは生き、活動し、自分たちの存在をもっていますか？　私たちは自分のもとには永遠の腕があるという理解の中で生き、活動し、自分の存在をもっていますか？　もしそうであるならば、私たちは選ばれた者であり、神の世帯に所属しています。つまり、そのとき私たちは神の選民に所属し、その贈り物は地上の正義と平和です。

「あなたは全き平安をもってこころざしの堅固なものを守られる。彼はあなたに信頼しているからである」（イザヤ書26章3）。私たちは、信頼し、希望し、期待し、自信をもって、自分の心を神に置き続ける一人でしょうか？　それとも、神への信頼と、それより大きくはないとしても、何らかの人間の支配者、有力者、権力者への同様の信頼との間で、忠誠を分けているでしょうか？　私たちは、神が私たちの生命であり、それゆえ、私たちの生命は破壊されえず、無敵で、不死で、永遠で、調和的で、活力あふれ、役立つことを認めている一人ですか？　私たちはすべてのやり方で神をたえず認めているでしょうか？　つまり、神が私たちのマインドであり、それゆえ、無限の知性が私たちの存在の活動として、**それ自身**を表現することができると認めているでしょうか？　あるいは私たちは、ときどきは自分の人間的理解に頼っているでしょうか？　私たちは、神が無限のパワーであることを認め、あの恐ろしい人間のパワー、それが戦場の軍隊としてであれ、肉体の癌として現れるのであれ、「肉（体）の腕」にすぎず、それゆえそれは、私たちの経験では、パワーも支配権もないことを理解しているでしょうか？　私たちの人生の主要なテーマ、私たちの供給の源泉、私たちの存在の活動として、私たちは神を認めているでしょうか？

私たちは朝目覚めるとき、神を認めているでしょうか？　私たちは神のパワーだけが私たちに休息と睡眠を与え、神のパワーと存在だけが、私たちを新しい日に目覚めさせることを認めているでしょうか？

今日という新しい日、ここでは神が統治者です。神は今日という日の主でありマスターです――私の銀行口座ではなく、私の仕事でもなく、私の家族でもなく、私の友人でもなく、神が今日の出来事をコントロールします。神がこの日を統治し、支配します。神はけっしてうたた寝したり眠ったりしません。神は私がうたた寝したり休息したりしている間も、ずっと私と一緒にどこにでもいます。たとえ私が眠ることができなくても、神は私を休息させてくれます。

私たちの存在の本当の本質として、私たちの存在の本当の法則として、私たちの存在の保護と供給として神を認めることとは、神を私たちのすべてのやり方で認めることです。

人間的風景の中では、人間的には満たしたり、満たされたりすることが不可能な状況に、私たちが直面することがよくあります。あらゆる人が何らかのときにそんな経験をします。イエス・キリストはゲッセマネの園で、ゴルゴダ（キリストがはりつけにされた場所）への道で、十字架の上でそんな経験をしました。

モーセはヘブライ人たちを奴隷状態から解放して導いているときに、山積みに見える障害に直面しました。そのときファラオの軍隊がすぐ背後に迫っていたので、彼らが捕えられたり滅ぼされたり、あるいは、奴隷状態に引き戻されたりすることは必然に見えました。しかし、人間的に成し遂げられそうにないことが、スピリチュアル的に現れる――昼間の雲柱、夜の火柱、空から降って来る食料、岩にわく水――のは、こういった経験の中だったのです。モーセはおそらくそんな保護の形態を夢に思ったこともないでしょう。彼はおそらく昼間の雲柱、夜の火柱を祈ったことはなかったでしょう。彼の祈りは神の存在に目覚めることでした。しかし、神の存在が、保護として必要とされていたので、それは昼間の雲柱、夜の火柱としてやって来たのです。次の日には何が起こったのでしょうか？　紅海が開いたのです。モーセは紅海が開くことを祈ったり、考えたりしたはずだ、とあなたは一瞬でも信じるでしょうか？　いいえ、私やあなたがそんなことをできないように、モーセもそんなことはしなかったはずです。神の存在を彼が意識することが、紅海が開くこととして現れたのです。

多くの人たちに食料を与え、人間の助けが何もないときに、大衆の中を消えることができたとき、マスターは人間の助けよりももっとずっと大きな何かに頼っていました。彼は自分のあらゆる必要に対して、目に見えない無限から引き出しました。しかしながら、スピリチュアルな助けは常にスピリチュアル的に悟ったリーダーから来るのであって、人々それ自身から来るのではないことを忘れないようにしましょう。スピリチュアル的に悟った人たちだけが、彼らを通じて神の奇跡が起こりうる通路となりえるのです。

今日、私たちのためにある程度の個人的ヒーリングをすすんで引き受けてくれる悟った牧師、プラクティショナー、教師を除いては、私たちのために私たちのワークをやってくれるスピリチュアルなリーダーはいません。神は個人をひいきしないということ、そして、スピリチュアルなパワーはその目的への献身の程度に応じて達成されるということを、私たち一人ひとりが理解するようにならなければいけません。そのことは聖書の時代に真実であったように、今でもまだ真実です。「あなたは全き平安をもってこころざしの堅固なものを守られる。彼はあなたに信頼しているからである」（イザヤ書26章3）。これがたった一つの必要条件です——私たちが高貴な生まれであろうが、貧しい生まれであろうが、教育があろうがそうでなかろうが、私たちが白人であろうが、黒人であろうが、黄色人種であろうが。スピリチュアルなパワーは私たち自身の意識の活動によって決定されるのです。

神の言葉は素晴らしく鋭くパワフルです。そしてその言葉の中で、私は外部の領域にあるどんなものよりも、偉大な保護を自分の内側にもつのです。「わたしには、あなたがたの知らない食物がある」（ヨハネ4章32）。私は食料、飲み物、薬、ワインをもっています。私は霊感、生命、真理、愛をもっています。私の内部に神の言葉があり、それはこの世界の中にある何よりも偉大です。

神の言葉は素晴らしく鋭くパワフルですが、言葉は、私たちの個人的意識の中で、私たちによって享受されなければならないのです。それは私たちのハートの中と、私たちの唇の上になければならないのです。それは私たちのところに留まらなければならないのです。「もしあなたがたがわたしにつながっており」（ヨハネ15章7）――もしあなたが、**「私」**をあなたの中に留まることをゆるすならば（！）です。マスターが「天地は滅びるであろう。しかしわたしの言葉は滅びることがない」（マタイ24章35）と言ったのを、あなたは覚えていますか？

真理の言葉はけっして失敗したり、失われたりしないのです。なぜなら、それはあちこちの意識の中にその足場を見付けたからです。万一全世界が破壊されるとしても、残る人たちがいて、その残る人たちとは、ハートの中に**神の言葉**をもっていた人々から構成されることでしょう。新しい人種、新しい世代、新しい時代を始めるのは、ハートに**神の言葉**をもったそういった残った人たちです。私たちが**神の言葉**の中に居住することを学び、その言葉が私たちの中に居住することをゆるすにつれて、自分が聖なるものによって導かれ、支援され、維持され、支えられていることがわかるでしょう。

ウィリアム・アーネスト・ヘンリー（ヴィクトリア朝時代のイングランドの詩人、批評家。1849〜1903）のよく引用される詩、「インビクタス」（負けざる者たち）の中で、彼は自信をもって、主張しています。

私は自分の運命のマスターである。
私は自分の魂の船長である。

確かに、スピリチュアルな意味では、自分の船の船長であることは私たちの責任ですが、それは何らかの種類の手品的パワーによるものではなく、私たちが唯一の存在とパワーとしての神に、目覚めることができる程度においてです。その目覚めの程度において、私たちは間違ったときに間違った場所にいるよりも、正しいときに正しい場所にいることへ導かれるのです。

私たちが普通の人間的人生を生きていて、海を渡ることを人間的に決めるとき、私たちはただそうします。もし船が無事に到着すれば、けっこうなことですが、もしそうでなければ、事故に巻き込まれるかもしれません。しかしながら、もし私たちが朝も昼も夜も、神-覚醒を意識する人生を生きていて、私たちのまさにマインドとしての神に目覚め、私たちではなく、神があらゆる決定をしていることを理解するなら、私たちを災いから遠ざけてくれる指針と保護があることでしょう。

人間の人生を生きている人間として、私たちは世界の中で浮遊しているあらゆる信念の支配化にあります――機会、変化、運、星占い、環境、運命のきまぐれという信念。しかし、**神の言葉**の中に居住すれば、私たちの意識が真理を吹き込まれ、それによって活性化される程度に応じて、私たちは自分自身の経験への法則であるだけでなく、私たちに助けを求めるすべての人たちへの法則にもなります。

ほとんどあらゆるニュースは、私たちが今まで経験したことがないような恐怖の日々を生きていることを強調します。世界に関するかぎり、原爆であれ水爆であれ、核爆弾に対して安全な防衛は今日までまだ発見されていませんし、爆弾を通過させないシェルターも発明されていません。それゆえ、この恐れに催眠をかけられて、私たちの人生は、敵の善意か気まぐれに依存していると信じることは、簡単です。何と恐ろしい考えでしょうか？　それが真実ではないゆえに、なおさら恐ろしいのです！

私たちは恐れる必要はありません。私たちは世界の恐れを何も分けもつ必要がないのです。聖書は私たちに神は要塞であると想い起こさせてくれます。私たちは聖書に異議を唱えるでしょうか？　神は、私たちが信頼を置くに足りる私たちの要塞ではない、と私たちは反論するでしょうか？　神がわが高きやぐらであることは、真実ではないでしょうか？　私たちが神の中に生き、活動し、私たちの存在をもっていることは真実ではないでしょうか？　私たちは神とセメントの両方を必要としているでしょうか？　私たちの中の一部の人たちは何度も何度も、私たちは神と薬の両方は必要としないと証明したのではありませんか？　そして、多くの人たちが、神と石の要塞の両方は必要としていないことを証明したのではありませんか？　神は私たちの要塞ですが、それが文字通り受け取られなければなりません。神は神霊です。神は無限です。私たちの生命はキリストとともに神の中に隠されているのです。

しかしながら、これらの真理が実践されないかぎり、聖書はテーブルの上の本にすぎません。それは生きた実証しうる言葉ではないのです。確かに、私たちは神の中に生き、神が私たちの中にいて、「わたしが父におり、父がわたしにおられる」（ヨハネ14章11）ことは、真実です。しかし、供給と健康が目に見えないことを私たちが発見したように、安全と安心も目に見えない神の所有物であることを認めなければなりません。私たちは「いと高き方の隠れ場」に住まなければならないのです。ただ日曜日だけそこに行くのではなく、朝も昼も夜もそこを常に私たちの居住地としなければならないのです。もし私たち自身が目に見えない存在であることを理解できれば、私たちはそうします。事実、スピリチュアルな生活の全秘密は目に見えないものと関係しています。それは、私たちの生命は目に見えず、私たちの生命はキリストとともに神の中に隠されている、という事実の認識と関係しています。

マスターは、「この神殿をこわしたら、わたしは三日のうちにそれを起こすであろう」（ヨハネ2章19）と教えました。何も**「私」**に触れることができません。銃弾も**それ**を破壊できません。火も**それ**を燃やすことができません。水も**それ**を沈めることはできません。何も**それ**に触れることができないのです。なぜなら、生命は目に見えないからです。そして、それはあなたと私の生命のことです。私たちの生命は目に見えず、キリストとともに神の中に隠されているのです。

このまさに目に見えないもののおかげで、家にいても会社にいても、飛行機、車、船で旅行しても、私たちは安全と安心を確信できるのです。私たちは目に見えない無限であり、肉体化され、無限の個人的意識となった神であり、神のその意識の中であらゆるものが具現化し、それはそれ自身の中にあらゆる種類の交通手段さえ含むのです。

であれば、沈む船とか落ちる飛行機とか衝突する車への恐れがありうるでしょうか？　私たちはけっして船の「中」、飛行機の「上」、あるいは車の「中」にいないのです。船、飛行機、車が、私たちの「中」に——私たちの意識の中にあるのです。私たちが道路で出会うあらゆる乗り物は、私たちの意識の中にあるのです。それゆえ、私たちが自分の意識は神と一つであるという気づきを維持しているかぎり、道路上の下手なドライバーとか酔ったドライバーを恐れる必要はありません。私たちは自分自身の外側のドライバーの犠牲者ではありません。私たちが出会うあらゆるドライバーは私たちの意識の内部にいて、真理への私たちの意識に従属しています。私たちの意識の範囲内に来る乗り物を運転しているあらゆる人は、真理への私たちの意識的気づきに従属していて、それゆえ、神に導かれ、神に維持され、神に支えられています。

しかし、今述べたことは、「私たちを事故から守るために、私たちが神を使うことができる」という意味に解釈されるべきではありません。私たちは自分たちを事故や他の何からも守るために、神を使うことはできないのです。しかし、私たちは自分の存在としての神の気づきに入ることができ、その存在の中ではどんな種類の事故も見い出さないことでしょう。

このことに関連して私は、非常に成功したビジネスマンで、スピリチュアルな道の熱心な探求者でもあったある人のこと思い出します。ある年、彼は七月の第四週の週末、家族を長い休暇に連れて行くことを決心しました。金曜の朝、彼は五時に起きて、まる一時間、保護を祈願する祈りをおこない、そのあと彼と家族は休暇に出かけました。次に彼が気づいたことは、翌火曜日に意識が回復して、自分と家族が病院にいることでした。彼の車が完全に破損しただけでなく、家族が元気で再会するまで数ヶ月もかかったのです。

その回復の長い期間、彼の心にいつもあったことは、「なぜ？」という質問でした。彼の推論の何も満足ゆく答えをもたらしませんでした。それで回復したとき、彼はスピリチュアルな道で自分よりもさらに先に行っている人に助けを求め、何らかの妥当な説明が提供されうるのかどうか確かめることにしました。「何が起きたのでしょうか？　私は非常に熱心な生徒で、私が知るかぎり、あるべきではないことは何一つ私の意識の中にはありません。しかも、私は出発の一時間も前に起きて、事故から自分たちを守るために完全な祈りを捧げました。それなのにどうしてこんなことが起こりえたのでしょうか？」

彼の友人はたった一つの答えしかありませんでした。「あなたが事故を発明したのです――あなたが事故を創造したのです」

「私にはあなたの言っていることがわかりません。自分を守るために祈ることは重要だ、と私は思っていました」

「確かに、それは正しいことです。もし、あなたがそういった祈りの性質を理解したなら、すべてはうまくいったことでしょう。しかし、その前にお尋ねしたいのですが、あなたは何から自分自身を守っていたのですか？」

「それは、道路上のひどいドライバーとか事故、飲酒運転からです」

「まさにそれです。あなたは神から離れたパワーと存在から、自分自身を守っていたのです。あなたとあなたの家族はみな小さい素敵な脱脂綿に包まれて、そこにはそういった事故が届くことはできないはずでした。しかし、あなたは何をしたでしょうか？　あなたは飲酒運転、事故、ひどいドライバーのメンタルなイメージを作りあげたのです。どうしてそれがあなたを見逃すことができたでしょうか？」

その一回の教訓で、この男性は原理を学び、そのおかげでのちに彼はすぐれたスピリチュアルなヒーラーになりました――その教訓とは、**唯一のパワーだけがあり、そのパワーは神だ**ということです。宇宙のマインド、生命、魂、神霊、そして、実体としての神に目覚めること、夫、妻、子ども、両親、そして、私たちの意識に触れるあらゆる人の意識の中の、唯一の活動としての神に目覚めること、それが保護的祈りです。それは、「人々は自分自身の生命をもっていて、その生命は危険にさらされることもありうる」という信念に対する、私たちの保護です。それは、「人々は傷つくことが可能な自分自身の肉体をもっていて、彼らは神から離れた自己性をもっている」という信念に対する、私たちの保護です。

保護的祈りは、誰も神から離れた自己性をもっていない、と知ることの中にあります。誰も、神のもの以外のマインド、生命、魂、神霊、存在をもっていません。保護は、神は地上のあらゆる個人の生命、知性、魂、神霊、不死、永遠性であることを理解することにあります。もし私たちが**普遍的知性**としての神に目覚めなければ、非常に多くの形而上学徒たちがやるように、神は私たちの知性であると宣言して安全に感じながら、その一方、車で出かけるときは、私たちの理解によれば、その知性が神のものでない誰かが私たちにぶつかるという経験をするわけです。そういった事故は、もし私たちが**普遍的知性**としての神に目覚めていたなら、起こりえなかったことでしょう。他のドライバーが真理について知っているかどうかは、重要ではないのです。私たちの経験において重要なことは、私たちがどれだけ真理を知っているか、ということです。他人が知ることではなく、私たちが真理を知っていることが、私たちの実証を決定するのです。「私はキリストとともに神の中に隠されている」とか、「神は私の知性です」とか、「神は私の生命です」と宣言するだけでは充分ではありません。まったくそうではないのです。なぜなら、そういった暗示的宣言によって、私たちは残りの世界全部を追い出すことになり、そのせいで、何らかのときに、自分が追い出したその残りの世界と接触するということが起こりがちだからです。

保護的祈りは、私たちが知るどんな真実も、自分の世界全般の真実であるという理解の中にあります。子どもに、「あれをしてはいけない。これをしてはいけない」というような否定的性質の説教をたえずすることによって、恐れの思考で子どもを満たすことはキリストの否定です。人間的にはそれは非常に賢明な場合もあるかもしれませんし、意識のあるレベルでは必要かもしれませんが、スピリチュアル的にはそれはまったく正反対です。子どもに正しい安全感覚を与えるためには、「神は不滅の生命で知性であること、そして、人は常に正しいやり方で正しい場所に導かれる」ことを、子どもは教えられるべきです。神は子どもが出会うあらゆる人の生命で魂です。それゆえ、子どもが誰に会おうと、その子は神に会っているのです。その子は常に神の保護のもとにいて、神の知恵によって導かれています。

完全なる保護的祈りは、あらゆる人のマインド、魂と神霊としての、肉体の実体としての神に目覚めることの中にあります。あらゆる個人への唯一の法則としての神、生命、不死性、永遠性としての神です。あなたは自分自身の不死性をもっていませんし、私も自分自身の不死性をもっていません。私たちがどんな不死性をもっていても、それは神の不死性が私たちの不死性と永遠性として顕現したものです。

保護的祈りは必要です。私たちは二つのパワーと神からの分離感という**世界的信念を受容する**ことから、常に自分自身を守らなければならないのです。神は私たちにとって生きた経験になる必要があり、私たちは、今まで自分が分離感をいだいてきた**それ**と関わる方法を見付けなければならないのです。神霊が私たちに触れるとき、私たちが受け取る啓示は、神が在る、ということです。そのとき私たちは、神霊が乗っ取ることをゆるし、神聖な存在を私たちより先に行かせることで、「もろもろの山を平らに」（イザヤ書45章2）するのです。

第四部

スピリチュアル・ヒーリング：
言葉も思考もなく

15章　言葉と思考を超えて

学習、瞑想、真理の言葉とともに生きること、そして、常に実践することを通じて、スピリチュアル・ヒーリングの原理が意識の中に確立されます。本書が書かれた意図は、物質的感覚の人生から、イエス・キリストの中にあったマインド、つまり、ヒーリング意識の達成への移行を速めることです。本当にスピリチュアルなマインドをもち、スピリチュアル・ヒーリングの原理を理解している人たちは、癒すことができます。しかし、スピリチュアルなマインドをもっていることは、これらの原理の知的知識の中に留まっていることを意味していません。それは肯定的宣言や否定的宣言をしたり、メンタルなパワーや人間の知恵を使ったりすることを意味していません。

どんな人も自分自身では頭痛を癒すだけの理解ももっていません。私たちの中で生み出されている神霊は、私たちが聖なる贈りものとしてこの地上の経験へ連れて来たか、あるいは、それとの関わりを育むことを通じて達成したかしたものですが、ヒーリングをおこなうのはそれです。本書のような本は、その神霊への意識的気づきを発展させるのを助ける単なる媒体にすぎません。ヒーリングの成功だけではなく、すべてのスピリチュアルな実証における成功は、私たちがもっている、ないし獲得したどんな知識をもはるかに超える何かです。確かに、私たちが獲得した知識は私たちの目的に役立ちますが、その目的はただ私たちを実際のスピリチュアルな意識へ導くためのものです。

多くの形而上学徒にとって信じがたいことは、自分が知っているすべての真理と自分が学んだすべての真理は、神-パワーではなく、神を彼らの経験にもたらすことも、彼らに神の導き、神の健康、神の強さを与えるものでもない、ということです。平均的生徒は、本を読む、教会へ行く、教室へ行くことが、神の目から見て自分を特別にすると本当に信じています。もちろん、そういったことをしないよりはするほうがいいのです。しかしスピリチュアルな真理は、私たちがそれに**目覚める**程度においてのみ、私たちの中で法則になるのです。そのことを忘れないでください。最初にまず認識がなければならず、それから、その理解がやって来るのです。

私たちは一年間真理を研究し、ある特定の点に関する理解を得るかもしれません。それから、その特定の点に関しては、私たちは神‐統治を信頼することができるのです。それは神が自分自身を分割するということではなく、私たちがその部分だけを見たということです――「わたしたちは、今は、鏡に映して見るようにおぼろげに見ている。しかしその時には、顔と顔とを合わせて、見るであろう」（コリント人への第一の手紙13章12）しかし、「おぼろげな鏡」はすぐには消えません。それでも、それぞれの理解の地点で、鏡はますます明るくなり、ついに最後にはそれは完全な透明となり、私たちは神を面と面と見るのです。

たとえば、この道にいる私たちの多くは何らかのスピリチュアルな教えの学習を始め、生命としての神を一瞥したことがあります。最初、私たちはその真理に知的に賛成して、ただそれを言葉として繰り返すだけかもしれません。しかしながら、しだいに、移行の地点がやって来て、私たちは次のことに目覚めるのです。

神は生命で、私の限られた人間的生命の感覚は今はなくなりました。もはや健康を実証する必要がありません。もはや年齢はありません。それゆえ、実証すべき若さもありません。私の

生命は私のものではありません。私の生命は神のもので、その生命は無限性と永遠性の観点で常に生きられています。

神が生命である、ないし生命が神であることを私たちが見ることができる瞬間、そのときから、私たちの肉体的状況は改善し始めるのです。それは私たちの供給を改善はしないかもしれませんが、しかしながら、ある日、供給に関しても似たような経験をし、供給とは、私たちが得ることができる何かではなく、私たちの中にすでに確立された何かであるというヴィジョンを得るかもしれません。その理解がやって来るとき、もはやそれ以上供給の実証を必要としないのです。

私たちが読む聖書とスピリチュアルな知恵の本の中にあるすべての真理は、私たちがそれに目覚めるに応じてのみ真実です。私たちはスピリチュアル的に啓示を得た誰かを通じて、美しい実証を経験するかもしれませんが、それでは、私たちは誰かの油を借りて、彼らの意識状態によって恩恵を受けているだけです。それは新しい、ないし若い生徒にとっては正当であり、ある地点までは有効です。しかし、私たち自身が目覚めず、スピリチュアル的に啓示を受けないなら、「あるとき私は素晴らしい実証を経験したが、それは二度と起こらなかった」と二十年後も言っている一人になることでしょう。

スピリチュアルな真理は銀行口座にたとえられることを思い出しましょう。私たちは自分が預けた以上は引き出すことができません。真理は無限ですが、真理が実証されるのは、私たちがそれに目覚めるためにつぎ込む努力、献身、愛、労働、犠牲に応じてのみです。それには努力が必要です。それにはワークが必要です。それは愛の労働であり、それゆえ、それを愛さない人、愛をもって労働しない人は、自分がそれにつぎ込んだわずかな時間、ワーク、努力、お金以上のものを引き出せないのです。学習、読書、瞑想、黙想、聞くこと——これらは私たちが、「わたしは盲人であったが、今は見えるということです」（ヨハネ9章25）と、究極的に言うことへ導くためのすべてのステップなのです。

実際のスピリチュアル・ヒーリングのワークは、私たちが神や人間について知ることができるどんな量の真理も、問題を解決したり、病気を癒したりしないという事実にもとづいています。真理に関する知識にできることは、ただ私たちを静めることです。そうすれば最後に、非常に平和な雰囲気に入って行くことができ、そこでは私たちは神の中に浮かんでいるように実際感じるのです。しかし、私たちは眠っているわけでも、死んでいるわけでもありません――まったくそんな感じではないのです――それは、私たちが二つの世界の途中にいるような催眠の形態ではないのです。それは生き生きとした感覚、ゾクゾクするような感覚の平和です。それは人知を超えた平和です。この状態では、私たちは眠ることができません。私たちは二度と眠りたいと思わず、永遠に永遠に永遠にその生き生きした状態の中で、目覚めていたいと思うことでしょう。それは鋭敏さであり、しかも平和で静寂です。

何かが起こるのは、私たちがこの絶対的静寂さの中にいるときで、その何かを泡は爆発させます。私たちがそこから出て来るとき、数分か、数時間、数日以内に、すべての問題が解消されたことに気づくのです。

それが解消するのは、問題は、その性質や名前が何であれ、生命と法則の物質的感覚にもとづいてメンタル的に創造されたものだからです。私たちはそれを「カルマの法則」、あるいは、キリスト教の「原因と結果の法則」と呼ぶかもしれません――「人は自分のまいたものを、刈り取ることになる。すなわち、自分の肉にまく者は、肉から滅びを刈り取り、霊にまく者は、霊から永遠のいのちを刈り取るであろう」（ガラテヤ人への手紙6章7－8）。しかし、「律法はモーセをとおして与えられ、めぐみとまこととは、イエス・キリストをとおしてきたのである」（ヨハネ1章17）を思い出しましょう。ここでいう律法とは、カルマの法則、原因と結果の法則のことです。

法則は人間的に生きる人々のためのものです。恩寵はスピリチュアルに生きる人々のためのものです。私たちが自己保存の法則、独善の法則、自己非難の法則、他者非難の法則をすすんで手放し、愛の中に落ち着く、つまり、神は同じようにすべての人の親であり、神の子どもたちとして私たちはお互いに愛し合い、分かち合うまさにその瞬間、そのとき、私たちの人生に移行が起こることに気づくのです。そのとき、私たちが供給を盗むという罪をもはや犯さないのと同様に、供給を実証しようと試みる罪も犯さなくなることでしょう。なぜなら、供給を実証しようと試みることは、この結果の世界から単にそれを取ろうとしているだけだ、と理解するからです。それは今、おそらく別の人に所属しているものが、明日、私たちに所属することを希望することです。

私たちは結果の世界にすでにあるものを二度と求めないのです。私たちは目に見えない無限から自分の善きものが来ることに、満足するでしょう。私たちは、神の存在に目覚めることが充足であると知っているので、神の存在を実証できるまで辛抱強く待ちながら満足することでしょう。鍵になる言葉は、「充足」です。この充足は、**結果の世界にすでにある**ものから顕現するのではなく、父が私たちの内部から送り出すものから、顕現するのです。たとえ、それが外側の何かの人間的物質的形態で現れるとしても、です。

スピリチュアル的には私たちは無限です。スピリチュアル的には私たちは神と同じくらい無限です。ですから、何かを願望するのは罪なのです。神が神の恩寵で私たちを祝福しながら、神自身を私たちに与えることだけを願うようにしましょう。これが願うこと、ドアを叩くこと、受け取ることとです。これが唯一の正当な願望です。しかし、私たちが自分の願望――私たちが願うこと、ドアを叩くこと、求めること――を、何らかの形の物質的感覚の善に引き下げるとき、私たちは物質的法則の支配下にいるのです。モーセ自身、彼が約束の地に到達しなかったのは、彼が水の実証を求めたからだと主張されてきました。モーセは岩の中から水を得ようと決意していました。そして、彼が水を求めて岩を叩いて、自分のパワーを誇示したので、彼は約束の地への入場を拒まれたのです。

マスターが空腹で、食べ物を実証するように誘惑されたとき、彼の反応は、「ああ、とんでもない！　サタンよ、引きさがれ。私は自分の個人的実証はしない」（マタイ16章23、ルカ4章参照）というものでした。三回彼は自分の個人的パワーを使うように誘惑され、三回とも彼は拒否しました。「ダメだ。私に供給をしてくださるのは神の機能である。統治権をもつのは、神の機能であって、私の機能ではない」。そして、物を実証しようという誘惑に抵抗することで、彼は自分がマインドと物質の法則よりも上にいることを証明したのです。彼は純粋な神霊の領域、神の王国に入り、そこでは、「御国を下さることは、あなたがたの父のみこころなのである」（ルカ12章32）――神は私たちに王国を得る**方法**ではなく、**王国そのもの**を与えてくださるのです。

この世界にどれほどの苦しみがあるにしても、それは物質的法則の支配下にあることが原因です。私たちがどんな物理的あるいはメンタルな法則に出会おうが、その原理に戻り、神だけが唯一のパワーであるゆえに、物理的法則とメンタルな法則はパワーではないという理解によって、それを一掃するべきです。

神というのは嫉妬深い神で、神は自分のパワーをあなたや私に与えたりしません。どんな創造的な仕事をしている人のところへやって来る霊感も、その人の霊感ではなく、神の霊感であり、単にその人を**通じて**流れているだけです。それと同様に、神のパワーはあなたや私を**通じ**

て流れるのです。人がもっているどんな才能も、自分自身のものだと考えるとき、数年以内にそれは枯渇し、消耗し――その人はまったく干上がってしまい、どうして新しい考えが流れて来ないのだろうかと思うのです。その理由は、その人がそれらを自分自身のものだと主張したからです。その人はそれらが自分自身のユニークな所有物だと信じたのです。その人は、神が自分にその才能を与えることによって、自分に特別な好意を授与したと信じたのでした。

神は自分の才能をけっして誰にも与えません。神は自分の才能を自分自身の内部で維持し、それを私たちを通じて、自由に喜びをもって表現していますが、それは常に神の才能のままです。このことを知っている人たちはけっして枯渇することがありません。彼らの霊感はけっして尽きることがないのです。なぜなら、霊感は彼らのものではないからです。それは神のものであり、人々は彼らを通じてそれが地上に現れる道具にすぎないからです。霊感が欠乏しているとき、あるいは健康、お金、機会などどんなものであれ、その供給が欠乏しているとき、常に覚えておくべきことは次のことです。何らかの世界的法則の感覚が活動して、私たちはその法則の支配下にいて苦しんでいる、ということです。なぜなら、唯一の創造者がいると理解する代わりに、私たちは自分が創造者だと信じているからです。

この二重の創造の感覚は、そのもとにエゴがあります。エデンの園（旧約聖書の創世記で、人類の始祖であるアダムとイヴが住んでいた楽園）で、アダムは自分とイヴが創造者であると信じ始めたのです。今日、人は自分のマインドを発見し、自分が自分の善きものをメンタルに創造できる、ないし自分はその同じマインドを使って悪を創造できると考えています。最後には、人は創造者ではないことが認識されなければなりません。人は、その人を通じて創造的原理が機能する道具かもしれませんが、その人自身は創造者ではないのです。

誰も自分の善きものを、メンタルに創造したり破壊したりする才能は与えられませんでした。人が自分はメンタルな創造者であると信じるとき、エゴが椅子にすわっています。それはちょうど人が物理的創造者であると信じるときにも、同じことが言えます。創造者であるというすべての主張が放棄されるとき、そして顕現し、実際に現れているすべての物事は目に見えないものから作られていることが理解されるとき、そのとき私たちは目に見えない領域に生きていて、私たちの肉体も含めてすべてのものが調和するのです。その信念、つまり、私たちが神から離れた自己性をもった創造者であるという世界的信念が続くかぎり、私たちの肉体、人間関係、そして、私たちの物事は不調和でうまくいかないままです。

神は間違いに**対して**パワーをもっている、あるいは、愛は憎しみに**対して**パワーをもっていると信じることを放棄して、一つのパワーの原理を心から受け入れるとき、起こる奇跡を眺めてください。私たちが壁に映る影――無価値なもの――から、自分を守ることをやめるとき、世界の間違い、世界の暴君、権力と戦うことをやめるとき、私たちの人生に入って来る奇跡を眺めてください。

敵を「肉の腕」として認識する意識状態に私とあなたが到達できるとき、何が起こるか見てください。それがどれほど大きく、強く見えるとしても、それは「肉の腕」、無価値にすぎないのです。「おののいてはならない。これはあなたがたの戦いではなく、主の戦いだからである」（歴代志下20章15）。たった一つのパワーだけがあります。ですから、あなたの逆境と折り合ってください。それを肯定しても、否定してもいけません。ただ静かにして、平和になり、神の言葉が来るのを待ってください。それが来るとき、それは両刃の刀よりも強力で、パワフルで、鋭いものでしょう。

私たち自身の知識が両刃の刀よりも鋭いことはけっしてありません。**私たちの思考と集中力**はけっして奇跡を為すことはできないのです。しかし、これらの原理を生きることで、私たちは恩寵の奇跡の証人となります。それゆえ、いくつかの原理を取り上げ、それらを今、生き始めましょう。一つのパワーという非常に重要な原理から始めることにしましょう。

神は唯一のパワーです。それゆえ、私は死すべき人間が私に何をするかを恐れないことでしょう。私は細菌、伝染、感染を恐れないことでしょうし、人間の政府も恐れないことでしょう。たった一つのものだけがパワーで、それは目に見えない無限です。

もしこの声明にしがみつくことができれば、私たちの道は調和的にされることでしょう。ただしそれは、私たちがそのとき百パーセント成功することを意味してはいません。なぜなら、世界の圧力は非常に大きいので、新聞、ラジオ、テレビ、ゴシップ、噂などが、私たちを催眠にかけて、神から離れたパワーがあることを受け入れるように、私たちを誘惑するからです。しかしながら、私たちがときどき堕落するという事実は、恥ずべきことでも恐れるべきことでもありません。この世界のあらゆる人がそういった瞬間を経験したことがあります。そのときこの世界の誘惑が忍び入り、自分自身の存在の外部にパワーがあることをその人に確信させたのです。

すべての誘惑から完全に解放された人が誰かいれば、私に教えてください。イエスも誘惑されました。誘惑はすべての偉大なマスターたちとその弟子たちにやって来ました。神の世界から離れた世界、神のパワーから離れたパワー、神の喜びから離れた喜び、神の予言から離れた予言を受け入れるという誘惑は、あらゆる人にやって来ます。もし何らかの形でそれが私たちに起こったら、それを誘惑として認め、自分自身を引き上げ、**唯一のパワーとしての神**の真実に立って、再び始めてください。そして、受容の状態を続け、神が自分自身を私たちの中に、私たちを通じて啓示するようにしてください。自分の経験の中である程度、神を証明していれば、私たちはうまくやっているのだと満足してください。

私たちがヒーリング活動に参加するたびに、自分自身では何もできず、父の全体性、豊かさ、そして、完全さが私たちを通じて流れ、死者をよみがえらせ、病人を癒し、空腹のものに食料を与えることができる、と認めているのです。

私自身の自己は何もありません。しかし、私と父が一つであるゆえに、父の全体性と豊かさ

が私を通じて、私として顕現するのです。それゆえ、私がどこへ行っても、神の栄光が私より先に行って、輝き、その存在を感じさせてくれます。

私たちが自己の空っぽさを維持し、常に一日をその理解で始めれば、花でさえ私たちの存在の中で開花することでしょう。なぜなら、私たちの存在は、私たちが誰なのか、何なのか、なぜそうなのかを知らない人々にとってさえ、恩寵であり続けるからです。

16章　在《あ》る

すべてのスピリチュアルな教えの基礎は、スピリチュアルな意識がいわゆる「時間」の中で進化することです。時間などというものを知らない永遠の中になぜ時間が入って来るのか、と不思議に思うかもしれませんが、時間という要素が関わるのは、スピリチュアルな進化は意識が展開することであり、それが私たちの感覚には時間として現れるからです。しかしながら、私たち一人ひとりが法則から恩寵へ移行する、時間と空間の中の決定的瞬間があります。その地点までは、私たちは真理の生徒であり、神の探求者であり、自分の学習と善行を通じて、自分の人間的状況の改善を希望し、期待するのです。

ヒンドゥー教は、スピリチュアルな進化のこの過程をタマネギの皮をむくことにたとえます。一つの層の皮をむいてもほとんど認識されませんが、十とか十五の皮が取り去られる頃には、明確な変化に気づきます。皮が一枚一枚むかれるにつれて、ついにもはや皮が何もない場所へ到達します。そこにはただ何もなさだけがあります。タマネギはもはや何もありません。ですから、人間は多くの物質的皮をもってこの世に生まれ、それをさらに積み上げ続け、皮また皮とタマネギ自己を作り上げて、ようやく父の家へ帰郷の旅を始めるのです。

そのスピリチュアルな衝動が感じられるとき、そのとき私たちは常に一つの目標をもって学習し、瞑想し始めるわけです。その目標とは、いつか私たちが実際に自分の内部で神を感じ、その存在に目覚め、神に触れられ、もはやどんな法則もない、つまり、善と悪の法則も、原因と結果の法則も、罰と報酬の法則もないという意識の状態で、恩寵の中で生きるようになることです。ただ恩寵の状態だけがあり、ある瞬間に私たちの経験の中でそれが起こるのです。

そういった経験は時間の中で起きます。それは朝十時に起こるかもしれませんし、真夜中に起こるかもしれませんし、明け方の沈黙の中で起こるかもしれませんが、何かのときに、それは実際に起こり、私たちはその内なる衝動を感じ、自分がそれを感じたことを知るのです。そのとき私たちはくつろぎ、というよりもっと正確に言うと、それが私たちをくつろがせるのです。それは私たちをくつろがせ、私たちは二度と自分自身の人生の責任を感じなくなるほどです。

事実、それが実際に起こるとき、自分がこの世で生きようと、あの世で生きようと、もはやかまわないのです――実際、それは何の違いもありません。なぜなら、生命は永遠で、不死だからです。また私たちは一日の終わりに、明日を始めるのに十ドルのお金が残っていてもいなくても、気にしないのです。なぜなら、毎日のあらゆる瞬間が恩寵によって生きられるからです。もし人生がそういう展開になれば、百万ドルもつことも完全によいことですが、仮に何も残っていなくても、気にしないことでしょう。あらゆる瞬間がその瞬間の恩寵によって提供されるのです。

自分が未来に生きれば生きるほど、スピリチュアルな意識に到達することから、自分がどれほど離れているかがわかります。また過去に生きれば生きるほど、普通の善き人間性に到達することから、自分がどれほど離れているかを知ることができます。死すべき、意識の非常に物質的状態だけが、過去に生きるか、過去の栄光に生きるか、その罪や病気に中に生きます。低い思考状態だけが過去を過剰に気にします。過去の中に現在や未来のための教訓があるという場合もありますが、それ以外のときは、過去に住み、その栄光かみじめさに浸っているのは、意識においては、恩寵によって生きるスピリチュアルな状況から、非常に大きな距離があることを単に示しているだけです。

人間性の程度はまた、人が未来に生きる程度によって計られます。スピリチュアルな存在には未来がありません。スピリチュアルな存在はこの瞬間に生きることを意味し、それにくつろぎ、その中で喜び、何であれ、この瞬間にあるものを分かち合います。

今から一分後に生きようとすることを、あなたは想像できますか？　今から一分後は完全な真空です。その中に何も誰もいません。今から一時間後の中にどんな喜びがあるでしょうか？　その一方で、今から一時間後の私たちへの神の経験がどんなものか知らないのに、今から一時間後をどうして心配することができるでしょうか？　私たちは月初めにどうやって家賃が支払われるのか、必要な季節に地下に燃料があるかどうか、どうやって知るのでしょうか？　どうやって神の計画を知るのでしょうか？

私たちが恐れるとき、神は私たちのために何の計画ももっていない、と宣言していることになり、自分は神の助けなく、自分で実証することに頼っている、と実質的に言っていることになります。実際の話、もし生命は神の実証であって、私たちの実証ではないことを理解すれば、自分が寒かろうが暖かかろうが、空腹だろうが満腹だろうが、私たちは気にしないことでしょう。神は自分自身のイメージと似姿として、自分自身を維持することができないのでしょうか？

私たちは一時間前に生きることはできません。試しに過去に生きて、自分自身が今と過去に引き裂かれないかどうか、見てください。また今から一時間後に生きようとして、自分自身を時間の中を前進させることができるのかどうか、見てください。あなたはそれができません。あなたはその時間が来たときに、自分に何が起こるのか考えて、自分をみじめにするだけでしょう。今に生き始めてください。今に生きるとは、明日もまた今になるという事実に目をつぶるわけではなく、むしろ、この瞬間、種であるものが、その今という質の中でつぼみになり、それがつぼみであるとき、その今という質の中で完全に開花する花となるということです。これが「今に生きる」ということです。しかし、その種がバラになるのかどうかを心配することは、未来に生きることです。

ここは神の世界、神霊の世界です。もし私たちが神霊の世界に住まず、むしろ、「この世」に住んでいると主張するなら、そのとき私たちは、「私の王国」、神の王国から自分自身を引き離しているのです。私たちが過去や未来という時間の中に生きているとき、自分自身を神の王国から退出させています。昨日には神の王国はなく、明日にも神の王国はありません。神の王国とは、今だけ経験されることができる恩寵の状態です。その今は三時かもしれませんし、八時かもしれませんし、十二時かもしれませんが、それは常に今です。記憶の中を一時間前に戻ったり、明日のことを心配したりするのは、意図的に自分自身を神の王国から引き離すことです。この瞬間、神が自分の運命を満たしながら、自分自身を表現しているという理解に生きることが、ここ地上で神の王国に生きるということです。

これらの言葉を単に話したり読んだり聞いたりすることから、それを生きることへ時間の中で移行する地点がある、と私が言うとき、私が言わんとしていることは、時間の中の何らかの特定の瞬間に私たちの内部で意識の変化が起こり、これが生きた真理になる、ということです。それは耳で聞かれた真理ではなく、目で読まれた真理ではなく、生きた実証可能な真理で、私たちはその中に落ち着き、そこからけっして動かなくなるのです。

今という意識の質へのこの移行は恩寵の状態で、その中で私たちはくつろいで、そのあとは肉体的な力やメンタルな力によるのではなく、聖なる恩寵によって生きる、つまり、自分自身の力ではなく、神の力によって生きることを理解するのです。それをもたらすのは、自分が知っている人間的知恵でも真理でもありません。自分の知恵と真理は、私たちをその「まっすぐで狭い」道（マタイ7章13－14参照）へしっかりと留めておくことを、思い起こさせるものにすぎないのです。

この道はまっすぐで狭いのです。なぜなら、それは今しか存在しえないからです。私たちが過去や未来の中へ逸脱する瞬間、道に迷います。それはあまりにまっすぐで狭いので、今しか生きられないのです――**今、永遠の今です！**

肉体が苦痛の中にあろうが、財布が空《から》であろうが、精神状態がそれほどよくなくても、それとは何の関係もありません。これらの状況は、意識の中で世界的催眠術の影響がまだ活動しているというだけのことです。移行の瞬間が起こるとき、私たちが**無限の道**、**生命の道**、**「私は在る」の道**に入るとき、それらはぬぐい去られるのです。

自分のスピリチュアルな、あるいは宗教的背景が何であれ、「**道**とは何か？」を私たちが尋ねることは、まったく必要ではありません。老子は**道**を語ります。仏陀も**道**を語ります。イエス・キリストも**道**を語ります。この**道**とは何でしょうか？　この三人がみな、**「私は在る」**と答えています。私たちの時代では、たぶん大きくて小さい文字**「IS＝在る」**を使えば、もっと理解しやすいことでしょう。言い換えるなら、今、「私は在る」――「私は在った」でもなく、「私は在るだろう」でもなく、「私は在るつもりだ」でもなく、「私は在るべきだ」でも、「私は在るに値する」でもないのです。**その道**とは、**「IS＝在る」**、**「私は在る」**、です。

「私は在る」は、私はすでに天国にいるという意味です。つまり、私はすでに完全でスピリチュアルであるという意味です。これすべてが「私は在る」という言葉に含まれています。しかしながら、私たちが探求している日々の間、たとえそれを実証しなくても、その原理を宣言することが必要です。それはちょうど音楽の勉強を始めるとき、生徒が練習中に正しい音符を打つことができないとしても、その原理を守らなくてはならないのと同じことです。同様に、生徒が自分の数学の問題にどれほど間違った答えを出そうとも、その人はそれでも数学の原理にしがみつかなければならないのです。その人は試験で五十パーセントしか点が取れないかもしれませんが、のちに自分の点数を九十パーセントまで上げるかもしれません。でも九十パーセントや九十九パーセントでさえ、数学においてはよくないのです。それは百パーセントでなければなりません。そうでなければ、それは不正確です。

同じように、スピリチュアル・ヒーリングのワークの最初から、私たちが百パーセントの成功を達成することを期待されるとすれば、非常に失望することでしょう。外側の実証において、私たちが百パーセントの成功を実現していないという事実にもかかわらず、私たちは目標を実際に知っています。その目標とは、人間的状況の改善の達成ではありません。その目標とは、イエス・キリストの中にあったマインドの達成です。目標はこの世のものではない、「私の王国」の達成です。

それが目標で、その原理は、「私は在る」です。私たちは**道**を知っています。**その道は、「私は在る」**です。**「私」が道**です。**「私」は今、道**です。**在るのです**！　神の恩寵が**在る、**のです。これが、私たちが自分に抱き寄せなければならない「まっすぐで狭い真理」で、そうすれば、自分が知らない瞬間に、自分が考えない瞬間に、花婿（訳注：ここでの「花婿」とはキリストのこと。キリストがいつ来るかわからないので、いつも準備して待ちなさいというたとえ話。マタイ25章1－13「花婿を待つ準備」の話を参照）がやって来て、スピリチュアルな理解が腑に落ちるのです。しかし、その瞬間が来るまで、私たちは**道**にしがみつかなければならず、**その道とは、「私は在る」**です。**その道とは、在る、**です。**その道**とは、この永遠の瞬間です。**その道**とは、昨日や明日の心配を失うことです。**その道**とは、この瞬間に恐れなく直面することです。この瞬間の自分自身に直面し、神であるすべてが私であることを、この瞬間に理解することです。

その道はあまりにまっすぐで狭いので、これすべてが困難です。私たちは昨日をあきらめなければならず、明日をあきらめなければならないのです。確かに困難ですが、「それは難しい」と言っても、何の役にも立ちません。「でも、それはあまりに難しいことです」と不満を言っても、何の役にも立たないのです。それがどれだけ難しいからといって、それがどうしたというのでしょうか？　あらゆる人が困難を抱えていますが、それらについて話しても無駄です。なぜなら、誰か他の人の困難を気にかける人はほとんどいないからです。その一方で、もしこの道が簡単だと思って、自分の隣人にそれを話したり、自分の成功を自慢したりするなら、もし隣人たちが大変な状況にいるとすれば、あなたの話は彼らの重荷をただ増しているだけです。

あらゆる人が自分に与えられている**道**に従わなければなりません。あらゆる人が**この道**を一人で歩かなければならないのです。それは簡単な道ではありません。それは簡単であるとかつて言った人はいませんし、少なくとも私はそれが簡単であるとけっして主張しないことでしょう。真理をメンタルに知的に認識することから、スピリチュアルな洞察へと移行するのがどんなことか、私は知っています。「はい、あなたはこれらの素晴らしい真理を語り続けていますが、私の人生には何も起こっていません」と考えるのが、どういうことか私は知っています。私はそれがどういうことか知っています。私もそれを通過したからです。私はこれらのまさに同じ真理を聞き、「私はその中にまったく何の真理も見えない。それは私や私の隣人たちに何をしてくれるのだろうか？」と、考えていたことを思い出します。

これは簡単な道ではありませんが、人がこのワークに完全に開かれたマインドをもってやって来るとき、その人はその光を受け取ることができます。しかしながら、もしその人が、ブロックされている意識の領域をもっていて、これはいい、あれは悪いという判断をしながらやって来るなら、その人は過去と未来の観点で考えていて、完全な光がその人に届くのはほとんど不可能です。もし過去と未来の観点で考えるなら、善と悪、正しいと間違っている、聖人と罪人との両方の観点で考えているのです。完全なる光を求めている人は、このほんの一瞬の中に、**今**だけがある——**「私は在る」**がその中にある今——ことに目覚め、それを認めなければなりません。

このことのスピリチュアル的意味が理解されるにつれ、私たちは嫉妬、嫉み、肉欲を**克服し**

ようとしないのです。むしろ、これらの何一つ存在しない王国へ実際に入るのです。なぜなら、要求を満たすべき、何かを受け取るべき、何かを必要とすべき、何かを望むべき個人的感覚がないからです。到達した人に、どうやって何かが与えられることができるでしょうか？　到達した人が、どうしてまだ満たされていない何かをもつことができるでしょうか？　到達した人が、どうして不完全な感覚をもつことができるでしょうか？

その一瞬の移行が起こるその到達において、神は充足として啓示されます。私たちの内部でスピリチュアル的に展開する**中心**があり、それが展開するとき、それが、日々私たちが必要なものを提供するのです。私たちが緊急に必要なものがどれほど物質的なものであれ――ヒーリング、お金、パンとバター、食物、家、交通手段――その性質が何であれ、それをどう獲得するのか、どういう展開になるのかについて考える必要がありません。それは必要なときに、自動的に現れるのです。

この神霊はそれが必要とされる瞬間に、目に見える表現で常に現れます。それは、失くした二ドルのお金が返却されるという正直さの形態であれ、ひと塊のパンの形態であれ、飛行機の座席の形態であれ、その瞬間に**必要な形態として**現れるのです。必要な形態が何であれ、それが私たちの感覚には物理的あるいは物質的に見えようが、それはそこにあるのです。それは私たちが私という言葉を放棄する程度において、そこにあることでしょう。私――個人的感覚としての自分――は、自分の日々のパンに責任がありません。**「私は在る」、神は在る、神霊は在る**が、それに責任をもっています。

もし個人的感覚の私に執着すれば、そのとき、私たちの中で神霊が活動し、ヒーリングと再生として流れるのを妨害することになります。

充足という立場では、すべてがすでに在ります。ですから、何の願望もなく、何の未来もありません。ただこの瞬間だけがあり、一日に二十四時間、生きられ、その中では何も私たちに付け加えられることがなく、私たちから何も取られることもできません。それがスピリチュアルな展開のクライマックスです。そのとき何の願望もないのです。なぜなら、充足があるからです。その充足の中では望むべき何が残されているでしょうか？　私たちは何を得ることを希望できるでしょうか？　私たちから何が差し控えられることができるでしょうか？　何もありません！

17章　わたしがこの地から上げられる時

今、私たちは言葉と思考を終え、神との交感の場所へ入りました。「私の肉体の中でさえ、私は神を見るでしょう」。いつでしょうか？　私たちが静寂になるときです。私たちが十戒（神が預言者モーセに与えたという十の掟）の最初の命令（あなたはわたしのほかに、なにものをも神としてはならない）（出エジプト記20章3）に従って、唯一のパワーを認め、私たちの存在の中心的テーマとして神を承認するときです。すべての間違った観念を「肉（体）の腕」、つまり、無価値なものにすぎないとして手放すとき、そのとき私たちは一つであることのその意識の中に立って、自分の内部の光が輝くようにするのです。

神と一つであることと、生命のあらゆるレベルであるあらゆる生き物と一つであることに、意識的に目覚めた人に対しては、人間の信念という武器――人間の観念と人間の思考は何のパワーももっていません。どんな言葉も思考も必要ありません。その融合の**内なる感覚**だけがなければならず、それはそれ自身を言葉として表現することでしょう。

神であるすべては私です。あなたは私を見ておられます。あなたは私を通じて、まさに父が輝いているのを見ておられます。というのは、父と私は一つだからです。神の中に私がいて、そして、「自分」の中に神がいます。あなたの中に私がいて、私の中にあなたがいます。そして、イエス・キリストの中に――スピリチュアルな存在の中に、スピリチュアルな父子関係とアイデンティティの中に――すべての人がいます。この世界で私に敵対しているものは、何もありませんし、この世界に私が敵対するものも、何もありません。なぜなら、私と父が一つであるゆえに、すべてのスピリチュアルな存在と私は一つであるからです。

神は神霊という普遍的言語を話します。私たちは自分の耳で実際に神を声として聞くこともあれば、神を光として、あるいは一つの形態として見ることもありますが、その一方で、神をただ解放、温かさ、ないしは意識の中での高揚として感じるかもしれません。サインがあるのです。前兆があるのです。しかし、**どんなサインも前もって与えられることはありません**。これらのサインは、この意識的気づきをもった人たちの**あとに従う**のです！　それゆえ、もっとも高い意味での私たちの祈りは、触れ合いの祈り、交感の祈りであり、その中で私たちからどんな言葉も思考も神へ伝えられず、神から私たちへの思考や言葉さえないかもしれません。しかし、気づきがあり、交感の感覚、内なる平和の感覚があります。

本当の祈りは、何の願望もないというその完全さ、充足にやって来ます。それはこの交感の感覚の中で開花するのであり、そのとき何かへの願望感覚すべてが脇に置かれたのです。それはまるでクリスマスの朝、私たちがクリスマス・ツリーのところにいて、自分の贈りものすべてを受け取ったかのようです――私たちのすべての望みが叶えられ、今残っているものは、「みなさん、ありがとうございます」という感情だけです。

私たちの意識が、「父よ、ありがとうございます。みなさん、ありがとうございます」という感覚に引き上げられるとき、そのとき神との完全な充足した交感がやって来ます。そして、その交感の最中に、魂の中の休息があります。赤ん坊がその母の腕の中で休んでいるように、魂の中での休息が私たちにやって来るのです。でも赤ん坊には何の願望もありません。それは願望ももっていません。それは休息しています。そのように私たちに王国をくださるのは、神の大いなる喜びであるという理解の中で、私たちは休憩時間にやって来て、休息するのです。その理解とともに私たちは休息し、けっして求めないのです――内側でさえも願望せず――むしろ神霊の中でくつろいでいるのです。

「無限の道」では、それは「見者」と呼ばれている意識の状態へと導きます。それはまるで私たちが平和にすわって、一日の活動が起こるのを眺めているかのようです。私たちは朝早く起きます。それから太陽が昇るのを眺めます。それから、庭に出て、花が咲いているのを眺めます。それから、私たちは机のところにすわり、手紙に返事が書かれるのを眺めます。そして、助けを求める電話がかかるとき、私たちはこの交感の中にすわり、神が私たちの中で祈るのを眺め、その交感が見かけを解消し、調和が回復するのを眺めます。

一日のあらゆる時間、私たちは見者です。私たちは供給を求めて奮闘しません。私たちは一つの源泉から供給が無限に展開するのを見ます。私たちは健康のためにけっして祈りません。私たちは静かになります。私たちは魂のこの祈りの中で休息し、その間その温かさの中で気持ちよく横たわり、健康が現れるか、機会が展開するのを眺めます。常に覚えておくべきことは、私たちは自分の網が満たされることを求めているのではない、ということです。私たちはもはや空っぽな網についての不安や心配でマインドを満たしません。私たちはそれを超えた領域へ移り、そこでの私たちの唯一の願望は、神のスピリチュアルな世界を見て、神の息子たちと娘たちと一緒にそこに居住することです。

父は私が必要とするものを知っています。だから、私はここにただ見者として立ち、明日の機会を求めて祈らずに、魂のこの雰囲気の中で静かに佇み、私の機会が私にやって来るのを眺めています。川は大洋へと流れます。それは、神の法則にその活動が統治されているので、私たちの地球上の広大な海洋を養うために、川が海に流れるのは、普通で自然なことだからです。それと同じように、神の恩寵が私に流れるのは、普通で自然なことなのです。願望、恐れ、疑いによって、そして、神は私の存在から分離し離れていて、私が必要としていることに気づいていないと信じることによって、神の恩寵が堰《せ》き止められてきました。今、私はすべての心配を手放し、神の無限の善性の見者として立っています。

私たちの祈りは、「静まれ、黙れ」（マルコ4章39）、静寂という平和、沈黙の交感です――たとえ、嵐の海の中でも。マスターは嵐がおさまるようにけっして祈りませんでした。彼の唯一の祈りは、「静かにしなさい」でした。彼は海に向かって呼びかけていたのでしょうか？　いいえ、違います。彼は自分の意識と彼の弟子たちの意識に、「平和よ、あれ。静かにしていなさい」と、呼びかけていたのです。もし私たちの意識が静かなら、内側にも外側にも嵐の海はありません。もし私たちの意識が静かなら、私たちについてのあらゆることは、その静寂さの様相を帯びるのです。

必要なことはたった一つだけです――神との意識的な交感です。これが最高の形態の祈りであり、その形態の祈りは、最初に、「神は在る」、そして二番目に、この世界に存在するすべては、「在ることをやっている最中の」神であることを学んだあとで、初めて起こることができます――**在る、在る、在る**、です。**それが在る**、ということは、人間的な善でも人間的な悪でもありません。それは人間的な健康でも人間的な病気でもありません。それはただ**スピリチュアル的に在る**、です。

私たちがこれらの原理に働きかけて、神の名前のもとに武器をもたずに歩いたダビデ（イスラエル王国第二代の王）のように、もはや自分を悩ます問題に、メンタルなブロックを立てることさえしなくなる地点にやって来るとき、そのとき私たちの祈りと治療は、言葉も思考もなくおこなわれることでしょう。私たちが人、物、状況を判断や非難に縛り付けておかずに、「人や状況を手放し解放すること」を学んだあとでは、治療を与えるときに、言葉も思考も必要ないことでしょう。

言葉の中ではなく、静寂さと沈黙の中に私たちの強さがあるのです。言葉は聖なる考えを伝える人間的方法ですが、聖なる考えは私たちの内部で言葉なくそれ自身を表現し、顕現するのです。私たちは唇に指を当て、静かにし、神が私たちの側にいて、戦いは私たちのものではなく、神のものである、つまり、**何の戦いもない**という確信を受け取ります。

この世界をどの程度現在の意識レベルから引き上げるのかは、一人ひとりの責任と特権となります。これらの原理をまだ知らない人々やそれらを実証していない人たちは、ある程度は私たちに助けを求める権利があります。そして私たちは、「はい、私はあなたに助けを与えることができます」と言う権利と責任をもっています。それは私たちがよりスピリチュアルであるからとか、他の誰かがもってない何かのパワーをもっているからではなく、私たちは真理を知っているからです。真理を知るゆえに、私たちのところへ来る人たちが自由になるのです。

もし私たちが真剣な生徒であるなら、まず自分の問題をそのままにし、それらのために祈るのをやめ、他者のために祈り始めることが、さらなる私たちの責任となります――つまり、私たちが知っている真理を通じて、私たちに助けを求める人たちと世界についての自分の間違った信念と障害となるブロックが、消えるようにすることです。物質的感覚の人生から生きている人間にとっては、その人が健康で、ある程度の充分な供給をもち、友人や親戚をもっていることは大切なことです。しかし、真理の生徒はそうではありません！　真理の生徒はこの世界の普通の基準によって揺らいだり、影響を受けたり、支配されたりする権利がないのです。真理の生徒は自分の体、財布、物事の状態を何も心配するべきではありません。それらはどんな違いがあるというのでしょうか？　たった一つだけ重要なことがあります。「私は神を知っているのだろうか？　私は、自分が神を知りうる人生の地点に到達したのだろうか？　もし私がまだ神を知っていないなら、もし私が神を面と面と見たことがないなら、私が健康であろうと、何の違いがあるだろうか？」

私たちが自分の研究を続けるにつれて、ヒーリングをもつはずです――自分自身と他人のヒーリング。簡単な頭痛のヒーリングさえ、神の存在が今ここで私たちの経験の中で活動していることを、証明するのに充分であるべきです。そしてそれ以後は、他のヒーリングの必要性がけっしてありません。なぜならそのとき、「今、私の経験の中に、神を連れて来ることができると知りました。それは私にとって証明されました。今、私は自分の人生をこの目的のために捧げます」と、私たちは認めるべきだからです。そういった長年の献身とともに、私たちが他の誰かに助けを求めなければならないことは、仮にあっても、めったになくなる時期がやって来るでしょう。

しかしながら、ストレスが続くときは、あらゆる人が助けを頼まなければならないかもしれません。マスターが十一人の弟子たちに彼と一緒に目覚めているように頼んだとき、そうしました。彼が十字架の上にいたとき、彼は弟子たちの助けを期待したはずです。困っているとき、私たちがお互いに自由に頼ることは疑いもなく正しいことです。だから、私たちは同じ道に一緒にいるわけです。だから、私たちはスピリチュアルな兄弟姉妹であるのです。スピリチュアル的には私たちは一つで、一つの世帯に所属しています。

いったん神と面と面と出会って、神の存在が私たちの人生で何をしているのか知るなら、そのときから私たちはたった一つの目的のために生きるのです――**その存在の中に生きること**、です。そのときから、私たちには解決するべき問題がありません。私たちは正しく知るべき神をもっているからです。あらゆる真理の生徒はこのたった一つの偉大な目的の追求のために、自分の個人的問題を解決しようとすることをあきらめたほうがいいのです。「もし私が神をまだ正しく知っていないとしたら、私の問題が解決してもしなくても、何の違いがあることだろうか？　今、私にはたった一つの問題だけがあります。それは神を正しく知るということで、神を正しく知ることが永遠の生命なのです。いったん私が神を知るなら、私には問題がありません」

たった一つの真理の声明でも知る人は、存在するどんな「主張」にも治療を与えることができます。もしその人が充分な勇気と確信をもっているなら、それが癌でも肺病でもポリオでも、何の違いもないことでしょう。たった一つの真理の声明です！　それがヒーリングに要求されるすべてです。もしたった一つの真理が熟考されるなら、やがてはその声明の内なる意味、つまり、私たちがその声明の理解ないし洞察と呼ぶものが活動を始め、どんなものでも癒すことでしょう。原則として、その熟考の中で起こることは、一つの声明が別の声明を生み、それが続いて、何らかの最終的結論に導き、全状況を解消するのです。

私とあなたは奇跡をおこなうことはできません——どんな人間もそれをすることはできません。しかしながら、もし私たちが自分自身の理解の重要性を最小限にし、神の理解を拡大し、称賛するほど謙虚であることができるなら、死者をよみがえらせるような真理が通過することでしょう。たとえ私たちが真理の声明を知らないとしても、充分に静かで受容的になる準備ができて、そのおかげで**神が私たちを通じて自分の声を発する**なら、ヒーリングを為すことができます。それは私たちの言葉ではなく、神の言葉であり、**その神の言葉**は素早く、鋭く、パワフルです。

本書を読んでいる人で、今ヒーリングを始める責任を受け入れる準備ができていない人は、一人もいません。人を癒すのは、あなたの霊性でも私の霊性でもないのです。これからヒーリングをおこなうのは、あなたの理解でも私の理解でもありません。それは神の理解であり、私たちは静かになることによって、神の理解を受容できるようになるのです。これらの真理が意識の中で働き始めるとき、その真理が自分の患者と生徒たち、そして世界一般の意識に中にも働いていることに気づくでしょう。

私たちの機能は、自分のところへ来る人たちの意識を、人間的感覚の嵐より上まで高く引き上げて、聖なる調和が彼らの存在と肉体にもあふれていることを、彼らも感じることができるようにすることです。「そして、わたしがこの地から上げられる時には、すべての人をわたしのところへ引きよせるであろう」（ヨハネ12章32）。これは仕事ではありません。これは労働ではありません。なぜなら、私たちは彼らを引き上げるために、彼らに手を伸ばす必要はないからです。私たちはただ自分自身の聖なる避難所に引きこもって、平和を発見するだけでいいのです。それが発見されるとき、私たちの共同体（仲間と家庭）と、私たちに引きつけられる人たちすべては、彼らの受容性に応じてその同じ平和をある程度身にまとうことができます。中にはこの平和の外側に自分自身を留めておく人たちもいます。なぜなら、現在の彼らの成長状態では、彼らは神の声を受容できないからです。しかしそれにもかかわらず、あらゆる人が神について教えられるときが来ます。

スピリチュアルな衝動に誰が反応するのかは、私たちが気にすることではありません。しかし、私たちのところへ来るすべての人が、パン――スピリチュアルなパン、ワインや水――を飲食できるぐらいに、意識の中で私たちは引き上げられなければなりません。それはどんな人にも押しつけられるものではなく、開いた意識のあらゆる人がそれを受け取れるように、です。

自分の共同体にいる人たちに対して、彼らが真理に受容的であってもなくても、反応してもしなくても、その瞬間に自分にとって可能な最高の意識状態以外で、彼らの前に出てはいけないという義務を私たちは背負っています。私たちはそのことを自分自身にも負っていますし、人間世界の嵐から上へ私たちを引き上げてくれた父にも、それを負っています。この真理に無知であるとき、それは私たちには要求されませんでした。しかし、もっている者たちは期待され、さらに多くが要求されるのです。

ですから、私たちの悟りの程度において、今、私たちは自分の肩に責任を背負い、それから解放されることはけっしてできません。その恩寵ゆえに、私たちにこの光を与えた神は、私たちがその光を周囲に与えることを期待しています——それは、人々を求めたり、転向させようとしたりすることによってではなく、たとえ世界に自分がやっていることを知っている人が一人もいなくても、自分自身を高いスピリチュアルなレベルに保つことによって、です。

私たちはすでに秘密を知っています。父は私の中にいて、私は彼の中にいて、私たちはお互いの中にいます。その秘密を私たちは知っています。今、どんな言葉も思考もなく、ほんの三十秒だとしても、その存在を認め、聖なるエネルギー、聖なる生気を感じるために、一日に二回、三回、四回、翌日は二十回、私たちは内側に入って、それを生きなければなりません。そうすれば、自分の意識の範囲にやって来るすべての人たちが、神の流出を彼らの上にも感じることができます。

私たちは神の道具です。私たちは神の奉仕者です。神の子は常に自分の仲間の奉仕者であり、私たちを呼ぶ者たちに永遠に奉仕しています。地上の王は奉仕されますが、スピリチュアルな王は奉仕者です。誰も聖なる親子関係を自慢したり誇ったりするべきではありません。なぜなら、聖なる親子関係は謙虚さに——私たちのところへ来る人たちの意識を、彼らが神を面と面と見ることができる場所へ引き上げることができるのは、神の光だけだと認める謙虚さに——授与されるからです。

もっとも高いところの奉仕者として、世界の情熱、憎しみ、愛に影響されず、その戦争や戦争の合間に影響されず、私たちは世界に留まっています。私たちは祝福として世界に留まっているのです。

訳者あとがき

本を読んでいて、突然、「ああ！」と思う瞬間がある。たとえばそれは、長い間、疑問だったことが、ある本の一節を読んだとき、視界が開けるように解明したときとか、あるいは、以前読んだときは、さっぱりわからなかった本が、数年後とか、十数年後に読んだとき、以前の不理解が信じられないほど、はっきりと理解できたとか、そういうときの衝撃のことだ。それはめったに起こらないことではあるが、しかし、めったに起こらないこの「衝撃」こそ、私が読書という行為に見出した最大の喜びである。

ジョエル・ゴールドスミスの本との出会いも、そんなある日の「ああ！」から始まった。一九九〇年代に彼の本を買ったとき、私はちらっと目を通しただけで、ほとんど読まなかった。読まなかった理由はたぶん、彼の本は聖書の引用がとても多いために、なにか宗教的な信仰の本のように感じたからだと思う。それが二〇〇〇年代のある日、本棚の整理中に本を見付け、捨てる候補の本として、確認のために読み始めたとき、その「ああ！」が起こった。
その「ああ！」を言葉ではうまく説明できないが、ジョエル・ゴールドスミスは、私が心の師と仰ぐダグラス・ハーディングとラメッシ・バルセカールの言っていることをまったく別の表現で語っているという直観が突然にわいたのだ。この三人の賢者は、というより、仏陀、キリスト、ムハンマド、老子から、現代にいたるまで、歴代のすべての真正なスピリチュアルな賢者が語っていることは、「神なる『私』の本質に目覚める」、ということで一致している。少なくとも私はそう理解している。それぞれの表現の違いは、賢者の性格、彼らが生きた時代と地域の文化的違いに起因することで、本質的なことではない。

それにもかかわらず、彼らの言葉を聞いたり読んだりする側の人たちにとっては、非常に異なる印象と感覚を与えるゆえに、本や教えとの相性が生まれたりする。私自身はどちらかと言えば、聖書とキリストの教えの解説と信仰のような本はあまり自分の気質に合わないと思ってきた――ジョエル・ゴールドスミスの本を読むまでは。

ジョエル・ゴールドスミスもダグラス・ハーディングもラメッシ・バルセカールも「神」と

「神性への目覚め」を語るが、何に教えの重きを置くのかが異なっているという印象が私にはある。シンプルに言ってしまえば、ダグラス・ハーディングは「神なる『私』を認識すること」に、ラメッシ・バルセカールは「神の意志による人生の理解」に、そしてジョエル・ゴールドスミスは「神性に目覚めることによる『神の実証』」に重きを置いており、彼はそれを「スピリチュアル・ヒーリング」と呼んでいる。特に、本書においては、「神の実証」は非常に重要なテーマとなっている。ここでいう「神の実証」とは、もっと具体的に言えば、「神が確かに今ここに存在し、活動している」ことを人が経験するときに、私たちがいわゆる「問題」と呼んでいるもの（病気や財政的問題など）が解消し、そのことが「神の存在の証明」となる、ぐらいの意味だ。

私が彼の本に出会った頃、私は非常に体調と精神状態が悪く、かなり「底」に沈んでいた時期だった。人生の方向性もやる気も全部失ったような時期で、今思えば、何か深いヒーリングを必要としていたのだと思う。そのとき、ジョエル・ゴールドスミスの言葉が、天福のようにそのヒーリングを私に与えてくれたというわけだ。

本書「スピリチュアル・ヒーリングの本質」について少し説明すると、本書は彼がマスターと仰ぐキリストの教えにもとづくヒーリングに関する本であり、ジョエル・ゴールドスミスのかなり晩年の作品（1959年）で、彼が長年にわたって真摯に実践・研究し、教えてきた「神性への目覚めによるヒーリング」の真髄とやり方について、「無限の道」（彼の教えの名前）を探求する生徒、プラクティショナーに向けて書かれている。またイエス・キリストのヒーリングの本質を現代に甦らそうとする本でもある。

今日、「スピリチュアル」や「スピリチュアル・ヒーリング」という言葉は、非常に幅広くゆるく世界中で使われていて、それぞれの人や流派がそれぞれの定義で使っている。もちろん、ジョエル・ゴールドスミスも彼の定義でこれらの言葉を使用しているが、多くの人たちがスピリチュアルなワークとして実践しているいわゆるメンタルなレベルの方法（エネルギー・ワーク、ヴィジュアライゼーション、肯定的宣言、引き寄せの法則など）は、彼が提唱する「スピリチュアル・ヒーリング」の中には入っていない。「メンタル」と「スピリチュアル」のレベルの違いを理解することが、本書のポイントの一つになるだろうと私は思っている。

それからもう一つのポイントが、「祈り」についてであり、スピリチュアルな意味での「本当の祈り」とは何か、ということである。スピリチュアルな探求をしているかどうかにかかわらず、人は「祈る生き物」である。コロナの感染が拡大すれば、「コロナが収束しますように」、病気になれば、「病気が治りますように」、子どもが受験なら、「子どもが志望校に受かりますように」、お金がなければ、「お金がもっと入りますように」、戦争があれば、「平和でありますように」などなど。こういった祈りは、意識的無意識的に人間のマインドの中で普通に行われる行為であり、多くの人たちはそういった祈りを「善い行為」だと信じている。しかし、これらはスピリチュアルな意味での「祈り」ではないことを、ジョエル・ゴールドスミスは断言する。もし読者の方が、「祈り」について深く関心をもってきたなら、「祈り」に関する彼の説明に驚くことになるかもしれない――彼の説明は、「祈り」に関する私の長年の疑問を解消してくれた。

本書にはジョエル・ゴールドスミスの長年の実践と研究による知恵と技術がつまっている。しかし、はっきりと言って、それらを読み解くことは簡単ではない。簡単そうに見えるかもしれないが、彼が提唱する「スピリチュアル・ヒーリング」の道には多くの困難が待ち受けている。だからこそ、彼はイエス・キリストに習って、それを「狭い道」と呼んでいるのだ。それでも、「スピリチュアル・ヒーリング」に本気の人たちは、その狭い道を通り抜け、歴代の賢者たちが語る「神の王国」に入ることを本書は約束している。そういった本気の人たちが本書と出会うことを、なによりも訳者は願っている。

本書の翻訳にあたり、ナチュラルスピリット社の今井社長と編集の労をとってくださった中村綾乃さんに心からお礼を申し上げます。

２０２１年２月５日

高木悠鼓

ジョエル・ゴールドスミス　Joel S. Goldsmith（1892〜1964）

アメリカのスピリチュアルな教師、ヒーラー、現代の神秘主義者。1892年、ニューヨークに生まれる。若い頃から熱心にスピリチュアルな探求をし、あるとき突然、ヒーリング能力に目覚める。以後、「内なる神性（キリスト意識）に目覚めることによるヒーリング」の道を実践・研究し、その原理を教えることに人生を捧げた。彼の教えは、「無限の道（The Infinite Way）」と呼ばれている。著書に、"The Thunder of Silence"、"A Parenthesis in Eternity"、"The Art of Meditation"、"Practicing the Presence"などがある（すべて未邦訳）。

関連サイト　https://www.joelgoldsmith.com

髙木 悠鼓（たかき ゆうこ）

1953年生まれ。大学卒業後、教育関係の仕事、出版業をへて、現在は翻訳・作家・シンプル道コンサルティング業を営みながら、「私とは本当に何かを見る」会などを主宰する。著書に、『人をめぐる冒険』『楽しいお金』『楽しいお金3』（以上マホロバアート）、『動物園から神の王国へ』『シンプル道の日々』（シンプル堂）、訳書に、『顔があるもの 顔がないもの』『今ここに、死と不死を見る』（ダグラス・E・ハーディング著、以上マホロバアート）、『存在し、存在しない、それが答えだ』（ダグラス・E・ハーディング著）、『何でもないものがあらゆるものである』（トニー・パーソンズ著）、『誰がかまうもんか?!——ラメッシ・バルセカールのユニークな教え』『意識は語る——ラメッシ・バルセカールとの対話』『意識に先立って——ニサルガダッタ・マハラジとの対話』『頭がない男——ダグラス・ハーディングの人生と哲学』『ニサルガダッタ・マハラジが指し示したもの』（以上ナチュラルスピリット）などがある。

シンプル堂サイト　https://www.simple-dou.com/
個人ブログ「シンプル道の日々」　http://simple-dou.asablo.jp/blog
「頭がない方法」サイト　http://www.ne.jp/asahi/headless/joy

スピリチュアル・ヒーリングの本質

言葉と思考を超えた意識へ

●

2021年5月31日　初版発行

著者／ジョエル・ゴールドスミス
訳者／髙木悠鼓

装幀／中村吉則
編集／中村綾乃
DTP／山中 央

発行者／今井博揮
発行所／株式会社 ナチュラルスピリット
〒101-0051 東京都千代田区神田神保町3-2 高橋ビル2階
TEL 03-6450-5938　FAX 03-6450-5978
info@naturalspirit.co.jp
https://www.naturalspirit.co.jp/

印刷所／シナノ印刷株式会社

ISBN978-4-86451-365-4 C0011

●新しい時代の意識をひらく、ナチュラルスピリットの本

瞬間ヒーリングの秘密
QE：純粋な気づきがもたらす驚異の癒し

フランク・キンズロー 著
髙木悠鼓、海野未有 訳

QEヒーリングは、肉体だけでなく、感情的な問題をも癒します。「ゲート・テクニック」「純粋な気づきのテクニック」を収録したCD付き。

定価 本体一七八〇円+税

ユーフィーリング！
内なるやすらぎと外なる豊かさを創造する技法

フランク・キンズロー 著
古閑博丈 訳

ヒーリングを超えて、望みを実現し、感情・お金・人間関係その他すべての問題解決に応用できる《QE意図》を紹介。

定価 本体一八〇〇円+税

クォンタム・リヴィングの秘密
純粋な気づきから生きる

フランク・キンズロー 著
古閑博丈 訳

QEシリーズ第3弾。気づきの力を日常的な問題に使いこなし、人生の質を変容させる実践書。QEを実践する上でのQ&AとQE誕生の物語も掲載。

定価 本体二四〇〇円+税

ユースティルネス
何もしない静寂が、すべてを調和する！

フランク・キンズロー 著
鐘山まき 訳

人類の次なる進化を握るのは「何もしない」技法だ。無の技法、「何もしないこと」で、すべてがうまくゆく！ 悟りと覚醒をもたらす「静寂の技法」がここにある！

定価 本体一八〇〇円+税

シータヒーリング

ヴァイアナ・スタイバル 著
シータヒーリング・ジャパン 監修
山形 聖 訳

自身のリンパ腺癌克服体験から、人生のあらゆる面をプラスに転じる画期的プログラムを開発。また、願望実現や未来リーディング法などの画期的な手法を多数紹介。

定価 本体二九八〇円+税

応用シータヒーリング

ヴァイアナ・スタイバル 著
栗田礼子、ダニエル・サモス 監修
豊田典子 訳

大好評の『シータヒーリング』の内容を更に進めた上級編！ 詳細な指針を示し、より深い洞察を加えていきます。

定価 本体二八七〇円+税

シータヒーリング
病気と障害

ヴァイアナ・スタイバル 著
矢崎智子、長内優華 監修
豊田典子、ダニエル・サモス 訳

シータヒーリング的見地から見た病気とは？ 病気と障害についての百科全書的な書。すべてのヒーラーとクライアントにも役に立ちます。

定価 本体三三〇〇円+税

お近くの書店、インターネット書店、および小社でお求めになれます。

シグネチャーセル・ヒーリング

カフー・フレッド・スターリング 著
和田豊代美 訳

脳の松果体にある「神の細胞」シグネチャーセルを覚醒させる！ 7次元のスピリット・ガイド、キラエルのチャネラーが、キラエルから教えられたヒーリング法を伝授！

定価 本体二八七〇円＋税

オルハイ・ヒーリング

サヤーダ 著
采尾英理 訳

アメリカ先住民・チェロキー族の血を引く、現代のサイキック・シャーマンによる、東方カウンシルのスピリチュアルガイドから伝授されたヒーリングの知識とテクニック。定価 本体一四〇〇円＋税

古代エジプトのセレスティアル・ヒーリング

トレイシー・アッシュ 著
鏡見沙椰 訳

古代エジプト技法のパワーと叡智！ 波動を上昇させ、想像をはるかに超えた変容を解き放ち、新たな超意識と地球レベルの平和への道を開くソースコードとは。

定価 本体二三〇〇円＋税

メタヘルス

ヨハネス・R・フィスリンガー 著
釘宮律子 訳

病気に結びつくストレスのトリガーや感情、そして信念を特定する理論的枠組み、メタヘルスとは？ メタに健康になれるためのヒントが得られる。

定価 本体一八〇〇円＋税

体が伝える秘密の言葉
心身を最高の健やかさへと導く実践ガイド

イナ・シガール 著
ビズネア磯野敦子 監修
采尾英理 訳

体の各部位の病が伝えるメッセージとは？ 体のメッセージを読み解く実践的なヒーリング・ブック。色を使ったヒーリング法も掲載。

定価 本体二八七〇円＋税

魂が伝えるウェルネスの秘密
人生を癒し変容させるための実践ガイド

イナ・シガール 著
采尾英理 訳

誰でも癒しは起こせる！ 人生の旅路を癒し輝かせるセルフ・ヒーリング・ブックの決定版！

定価 本体二八七〇円＋税

エネルギー・メディスン

ドナ・イーデン 著
デイヴィッド・ファインスタイン 共著
日高播希人 訳

東洋の伝統療法と西洋のエネルギー・ヒーリングを統合した画期的療法。エネルギー・ボディのさまざまな領域を網羅！

定価 本体二九八〇円＋税

お近くの書店、インターネット書店、および小社でお求めになれます。